ELENA-KATHARINA SOHN

Goodbye Beziehungsstress

Eine Anleitung zum
Zusammen-Glücklichsein

Ullstein

Besuchen Sie uns im Internet:
www.ullstein-taschenbuch.de

Originalausgabe im Ullstein Taschenbuch
1. Auflage April 2018
© Ullstein Buchverlage GmbH, Berlin 2018
Satz: KompetenzCenter, Mönchengladbach
Gesetzt aus der ITC Berkeley
Druck und Bindearbeiten: CPI books GmbH, Leck
Printed in Germany
ISBN 978-3-548-37714-8

*Für den liebevollen Blick
in Euren Augen.*

Du solltest dieses Buch lesen, wenn...

... Du in Deiner aktuellen Partnerschaft noch glücklicher sein möchtest.
... Beziehungen in Deinem Leben aktuell oder früher mit Schmerz, Trauer, Wut oder anderen für Dich belastenden Gefühlen verbunden waren – und Du daran ein für alle Mal etwas ändern möchtest.
... Du Dich in Deiner Partnerschaft manchmal einsam, enttäuscht oder vernachlässigt fühlst.
... Du Dich glücklich verlieben möchtest.
... Du mit einer neuen Bekanntschaft erst im siebten Himmel gelandet und dann von jetzt auf gleich abgestürzt bist.
... Du aufgrund schlechter Erfahrungen Angst hast, Dich neu zu verlieben oder Dich wieder auf jemanden einzulassen.
... Du Single bist und Dich das manchmal unglücklich macht.

Oder einfach, wenn Du Deinem Herzen etwas Gutes tun möchtest!

Deine Elena
— ♡ —

Inhalt

Warum dieses Buch Dir helfen wird, eine
glückliche Beziehung zu führen (oder zu finden) *11*

Was eine *glückliche* Beziehung von einer
08/15-Beziehung unterscheidet *15*

**Teil I   Wie wir unser Beziehungsglück verhindern,
ohne es zu bemerken** *19*
Paare sind Unikate –
Beziehungsprobleme nicht *21*
Die zehn Irrtümer des Beziehungsglücks *27*

Teil II   Was glückliche Beziehungen ausmacht *99*

**Teil III   Deine Anleitung zum
Zusammen-Glücklichsein** *133*

Die besten Sofortmaßnahmen für die Zwischenzeit *196*

Goodbye Beziehungsstress! *222*

Schlusswort *225*

Umfassendes Inhaltsverzeichnis *233*

Quellenverzeichnis *235*

Warum dieses Buch Dir helfen wird, eine glückliche Beziehung zu führen (oder zu finden)

Im Frühjahr 2016 kam mein Buch »Goodbye Herzschmerz – Eine Anleitung zum Wieder-Glücklichsein« in die deutschen Buchhandlungen. Ein Ratgeber für Frauen und Männer, die eine Trennung hinter sich oder aus anderen Gründen Kummer mit der Liebe haben. Darin versammelt war all das Liebeskummer-Wissen, das ich in meinem Alltag als Coach und Beraterin mit meiner Agentur »Die Liebeskümmerer« zum Zeitpunkt des Schreibens zusammengetragen hatte – vor allem im Kontakt mit rund 3.000 Betroffenen und ihren ganz persönlichen Liebes(kummer)-Geschichten.

Und auch wenn ich für »Goodbye Herzschmerz« selbstverständlich mein Bestes gegeben habe: Niemals hätte ich beim Schreiben an meinem Manuskript auch nur zu hoffen gewagt, was für eine Resonanz dieses Buch später erfahren hat. Die Leserkommentare reichten in den ersten Monaten nach dem Erscheinen von »Dieses Buch hat mir meine Lebensfreude zurückgegeben!« über »Ich hätte niemals für möglich gehalten, dass ein Buch mir so sehr helfen kann« bis hin zu »*Goodbye Herzschmerz* ist wie eine Freundin, die einem mit Rat und Tat zur Seite steht und einen mit sanftem Nachdruck wieder ins Leben holt«. Wie sehr ich mich noch heute für all diese Frauen und Männer freue!

Zusätzlich überrascht war ich jedoch, als das erste halbe Jahr nach dem Erscheinungstermin verstrichen war und das Feedback meiner Leserinnen und Leser plötzlich noch einmal einen ganz neuen Tenor bekam. Denn sowohl per E-Mail als auch in persönlichen Gesprächen erreichten mich nun immer öfter Nachrichten wie diese:

»Hätte ich alles, was ich in ›Goodbye Herzschmerz‹ gelernt habe, doch nur schon früher gewusst, Frau Sohn – vielleicht wäre es dann gar nicht erst zu meiner Trennung gekommen!«

»Es ist so schade, dass dieses Buch nur die Leute erreicht, die akuten Liebeskummer haben. Denn eigentlich sollte es einfach jeder lesen, der glücklicher sein und bessere Beziehungen führen will, Kummer hin oder her.«

»Kurz nachdem ich angefangen habe, Ihre Ratschläge zu beherzigen, habe ich mich neu verliebt – und diese Partnerschaft funktioniert nun soooo viel unkomplizierter, selbstverständlicher und besser als all meine vorherigen. Das ist verrückt! Danke!«

Wow. Das ging weiter als von mir beabsichtigt! »Goodbye Herzschmerz« war doch ein Liebeskummer-Ratgeber, und meine Erkenntnisse über Beziehungen tauchten darin eigentlich nur am Rande auf. Aber je mehr solcher Kommentare bei mir eintrudelten, umso stärker keimte schließlich eine neue Idee in mir. An einem Donnerstagabend im Dezember 2016 setzte ich mich also an meinen Schreibtisch und machte eine Skizze. Eine Skizze für ein neues Buch, in dem ich all meine praktischen Beobachtungen darüber, woran Beziehungen scheitern können, und vor allem darüber, was glückliche Beziehungen stattdessen ausmacht, sowie die Erfahrungen meiner Klienten und Leser und zusätzlich die wichtigsten wissenschaftlichen Erkenntnisse zum Thema sammeln wollte. So wollte ich eine ganz konkrete Anleitung dafür schaffen, wie jeder (und nicht nur Menschen mit Liebeskummer) die Ratschläge aus »Goodbye Herzschmerz« für sich und sein eigenes Beziehungsleben umsetzen kann. Und was soll ich sagen: Dieses Buch hältst Du nun in Deinen Händen.

»Goodbye Beziehungsstress« ist kein klassischer Beziehungsratgeber, denn ich bin keine Paartherapeutin und möchte mich auch nicht als solche ausgeben. Ich habe großen Respekt vor den wunderbaren Leistungen und dem Wissen meiner auf diesem Gebiet arbeitenden Kolleginnen und Kollegen und werde mich an vielen Stellen im Buch auch explizit auf sie beziehen – wann immer paartherapeutisches Know-how gefragt ist.

In der Praxis habe ich aber beobachtet, dass die Frage, ob wir eine glückliche Partnerschaft führen oder nicht, vor allem mit uns selbst zu tun hat. Und erst in einem zweiten Schritt damit, wie gut unser Partner zu uns passt und wie wir beide uns als Liebende, als Team und im Optimalfall auch als beste Freunde anstellen. Wenn zwei Menschen mit sich selbst nicht im Reinen sind, dann kann auch die beste Paartherapie dieser Welt sie nicht zu einem glücklichen Liebespärchen machen. Oder anders gesagt: Es gibt Frauen und Männer, die sind einfach »gut in Partnerschaften«, und andersherum gibt es auch Menschen, die selbst mit ihrem theoretischen »perfect match« oder mit wechselnden Partnern über kurz oder lang immer wieder bei ähnlichen Beziehungsproblemen landen. Und das sind keinesfalls Sonderlinge, notorische Einzelgänger oder zwischenmenschlich schwierige Personen. Es handelt sich im Gegenteil um ganz viele, vollkommen normale, liebenswürdige Menschen, die sich eigentlich auch nur nach einem Partner sehnen, mit dem es unkompliziert, fröhlich, vertraut und schön ist – und zwar auf Dauer.

Wenn auch Du also zur großen Gruppe derer gehörst, die das Gefühl haben, dass ihr Beziehungsleben noch nicht ganz so glücklich ist, wie es eigentlich sein sollte und könnte, und

Du Dich zudem auf den Gedanken einlassen kannst, dass dafür möglicherweise nicht nur Dein Partner verantwortlich ist, dann ist »Goodbye Beziehungsstress« genau die richtige Lektüre für Dich. Denn ich werde Dir zeigen, was Du selbst dafür tun kannst, dass Du in Zukunft in Deiner bestehenden Partnerschaft, beim Dating, als Wunsch- oder Bald-nicht-mehr-Single noch glücklicher und noch zufriedener bist.

Was eine *glückliche* Beziehung von einer 08/15-Beziehung unterscheidet

Der Mediziner Dr. Werner Bartens, auf den ich später noch einmal zu sprechen kommen werde, hat herausgefunden, dass Paare dann besonders *lang* zusammenbleiben, wenn sie chronisch streiten, einer von beiden emotional eher unsicher ist und sie wenig bis keinen Sex miteinander haben. Oje! Ich kann Deinen ungläubigen Gesichtsausdruck erahnen. Aber nein, das ist leider kein Scherz, sondern wissenschaftlich tatsächlich belegt. Eigentlich ist es auch nur auf den ersten Blick überraschend: Wenn in einer Beziehung nämlich chronischer Streit, Unsicherheit und kaum Sex vorherrschen – und damit Dinge, die wohl die meisten von uns als unangenehm empfinden dürften –, aber zwei Menschen dennoch (und das auch noch lang!) zusammenbleiben, dann deutet das darauf hin, dass zwischen ihnen anstelle von Beziehungsglück möglicherweise eher eine Art »emotionale Abhängigkeit« besteht. Es könnte also sein, dass sie sich zum Beispiel aus ihrer eigenen Angst vor dem Alleinsein heraus nicht trennen, sich ohne einen Partner minderwertig fühlen oder zusammenbleiben, weil sie einfach keine (bessere) Alternative für sich sehen. Und all das bringt natürlich, zumindest äußerlich, Stabilität mit sich. Hinter den Kulissen bedeutet es jedoch meist Schmerz, Langeweile, Wut und viele andere negative Gefühle.

Sicher kennst auch Du Paare, von denen Du sagen würdest:

»Ja, die sind zwar zusammen, aber den Eindruck, dass sie wirklich glücklich oder zumindest verliebt sind – den machen sie eher nicht.« Umso wichtiger ist mir, noch einmal Folgendes klipp und klar zu sagen:

»Goodbye Beziehungsstress« handelt nicht davon, wie Du eine lange, eine funktionierende oder eben überhaupt eine Beziehung führst, sondern mir geht es darum, Dir zu zeigen, wie Du eine *glückliche Beziehung* führen kannst – wenn Du das willst. Eine glückliche Beziehung definiere ich als Partnerschaft, in der Du Dich Deinem Partner tief verbunden und bei ihm geborgen fühlst, Ihr liebe- und respektvoll miteinander umgeht, Euch gegenseitig emotional stärkt sowie in Eurer persönlichen Entwicklung unterstützt: Ihr begegnet einander auf Augenhöhe, macht Euch gegenseitig groß statt klein und habt das Gefühl, an der Seite Eures Partners ganz Ihr selbst sein zu können.

Ich liebe Menschen, und ich liebe das Leben! Und ich finde, dass Lebenszeit unglaublich kostbar ist. Deshalb möchte ich Dir und auch allen anderen Mut machen, anspruchsvoll in Bezug auf ihr eigenes Liebesglück zu sein. Gib Dich nicht mit etwas zufrieden, was nur ein »Okay« ist oder Dich traurig und unzufrieden macht. Es geht auch anders, das verspreche ich Dir.

Im Folgenden habe ich »Goodbye Beziehungsstress« in drei Teile gegliedert: Im ersten Teil, »Wie wir unser Beziehungsglück verhindern, ohne es zu bemerken«, schauen wir gemeinsam, was wir *nicht erleben* möchten: Ich werde Dir davon berichten, was Beziehungen meiner Erfahrung nach am allerhäufigsten daran hindert, glücklich zu sein. Ich stelle Dir viele Fälle aus meiner Praxis vor, um Dir zu zeigen, dass es oft ganz ähnliche Denk- und Verhaltensweisen sind, die dahinterstecken, wenn das Beziehungsglück ausbleibt oder leidet. Denn wenn Du diese Muster kennst und in Zukunft bewusst gegensteuerst, hast Du schon einen Riesenschritt auf dem Weg in eine glückliche Partnerschaft gemacht!

Im zweiten Teil, »Was glückliche Beziehungen ausmacht«, schauen wir uns die Erkenntnisse aus der Praxis dann auf theoretischer Ebene an: Was genau könnten die Frauen und Männer aus den Fallbeispielen aus der Sicht von Paarforschern und Psychologen anders machen, um glücklichere Menschen und Partner zu werden? Was unterscheidet diejenigen, denen gute Partnerschaften leicht fallen, eigentlich von denen, bei denen es nicht klappt? Und vor allem: Welche Schlussfolgerungen kannst Du für Dein eigenes Leben daraus ziehen?

Im dritten Teil geht es dann ans Eingemachte – »Deine Anleitung zum Zusammen-Glücklichsein«: Ausgestattet mit dem Wissen aus den ersten beiden Teilen werde ich Dir Schritt für Schritt und mit vielen Übungen erklären, was genau Du persönlich tun kannst, um Deinem Liebesglück näher zu kommen, als Du es möglicherweise jemals zuvor warst. Ein großes Versprechen, ich weiß – aber ich weiß auch, dass Du es schaffen kannst!

»Goodbye Beziehungsstress« zu lesen kann für Dich bedeuten, dass Deine Beziehung endlich richtig gut und erfüllend wird. Dass eine geplante Paartherapie Dir plötzlich gar nicht mehr notwendig erscheint. Oder dass Du bereit bist, Dich neu und erfolgreich zu verlieben – je nachdem, in welcher Lebenslage Du Dich gerade befindest. Manchmal – auch das möchte ich gleich vorwegnehmen – wird es vielleicht auch bedeuten, dass Du zu dem Entschluss kommst, dass Deine aktuelle Partnerschaft Dir nicht guttut, und möglicherweise sogar, dass Du sie beenden solltest. Aber wenn das der Fall ist, dann verspreche ich Dir: Du wirst von Deiner Entscheidung überzeugt sein, und es wird Dir gut gehen damit! Weil Du erkannt haben wirst, dass Du nicht glücklich bist, und endlich den Mut findest, daran auch etwas zu ändern. Hab also bitte keine Angst.

Bist Du bereit? Ansonsten hol Dir, wenn Du magst, jetzt schnell noch etwas Leckeres zu essen und zu trinken, und mach es Dir so richtig gemütlich. Ich möchte nämlich, dass Du schon in diesem Augenblick damit beginnst, gut für Dich und Dein (Beziehungs-)Glück zu sorgen. Und mit einer scheinbaren Kleinigkeit wie einem kuscheligen Leseplatz, Zeit, Ruhe und Muße fängt das bereits an. Dann heißt es schon bald: Goodbye Beziehungsstress! Auf Nimmerwiedersehen!

TEIL I

Wie wir unser Beziehungsglück verhindern, ohne es zu bemerken

Paare sind Unikate – Beziehungsprobleme nicht

Lass das Buch bitte kurz mit einer Hand los, und wirf einen Blick auf die Innenseite Deines Zeigefingers. Führ die Fingerkuppe ganz nah an die Augen, und schau Dir die vielen feinen Linien an, die Du dort in Deiner Haut findest. Schön, oder?

Eigentlich wissen wir es natürlich alle, aber zumindest ich mache es mir selten bewusst: Kein Zweiter unter den zig Milliarden Menschen auf dieser Welt hat exakt denselben Fingerabdruck wie ich – und das gilt natürlich auch für Dich. Warum? Weil Du einzigartig bist. Und das betrifft nicht nur Deinen Zeigefinger, sondern auch den ganzen Rest von Dir: Niemand sonst hat dieselbe Lebensgeschichte wie Du. Niemand sonst hat dieselben schönen und traurigen Momente erlebt. Niemand sonst hat dieselben Erfahrungen gesammelt. Und niemand sonst hat dieselben Menschen auf dieselbe Weise geliebt. Was natürlich auch auf all Deine Ex-, Deine aktuellen und Deine zukünftigen Partner zutrifft.

Im Grunde, könnte man also schlussfolgern, kann auch keine Partnerschaft wie eine andere und kein Beziehungsproblem wie das andere sein, weil ja immer zwei einzigartige Individuen aufeinanderstoßen – womit jeder Beziehungsratgeber wohl ziemlich überflüssig oder zumindest in wirklich großen Teilen unbrauchbar wäre. Tja, und auch »Goodbye Beziehungsstress« würde dann gar keinen Sinn ergeben. Aber stopp: Mein Gedanke geht noch weiter, hör jetzt bitte nicht auf zu lesen!

Denn obwohl keine Partnerschaft der anderen gleicht, zeigt

sich in der Praxis, dass die Beziehungsprobleme der Menschen einander trotzdem oft extrem ähnlich sind. Frauen und Männer, die sich wegen ihrer unglücklichen oder gescheiterten Beziehungen und Dates an mein Team und mich wenden, schildern mitunter beinahe identische Szenen, zitieren Gespräche und Diskussionen, die vom Wortlaut her fast austauschbar erscheinen. Sie regen sich über ähnliche Dinge beim Partner auf und berichten von vergleichbaren Trennungsgründen, verwandten Konfliktthemen und beschreiben ihre eigene Gefühlslage nicht selten mit denselben Begriffen. Bestimmt geht es auch Dir so, dass Du von Paaren in Deinem Freundes-, Familien- und Bekanntenkreis immer wieder ähnliche »Geschichten« erzählt bekommst. Sie könnten zum Beispiel so klingen:

- Ein Partner fühlt sich vom anderen nicht ernst genommen.
- Ein Partner fühlt sich vom anderen vernachlässigt, weil der sich zu selten meldet, sich zu wenig Zeit nimmt oder zu unaufmerksam ist.
- Einer fühlt sich vom anderen ausgenutzt.
- Ein Partner ist mit dem Lebenswandel des anderen nicht einverstanden.
- Zwei langweilen sich in ihrer Beziehung, weil sie jeden Abend auf dem Sofa sitzen.
- Ein Partner fühlt sich vom anderen veralbert, weil der erst noch ganz verliebt wirkte, aber dann plötzlich die Beziehung oder den Kennenlernprozess beendet hat.
- Einer von beiden ist rasend eifersüchtig.
- Einer wirft dem anderen vor, egoistisch zu sein.
- Die Partner streiten, frotzeln, sind zynisch und respektlos zueinander oder kritisieren sich andauernd.
- Das Paar hat wiederkehrende Streitthemen, vom Haushalt bis zur Kindererziehung, und dreht sich damit im Kreis.

- Die Partner sagen zwar immer, dass sie total glücklich in ihrer Beziehung sind – wirken aber ganz anders.
- Einer von beiden oder beide gehen fremd.
- Das Paar hat kaum noch oder keinen Sex mehr, oder einer von beiden will mehr Sex als der andere, was zum Streitthema wird.
- Einer von beiden hat das Gefühl, in seiner Beziehung ständig und alles zu geben, sich regelrecht aufzuopfern, und ist enttäuscht und irgendwann wütend, weil der andere es ihm nicht angemessen dankt.
- Jemand lernt wechselnde potenzielle Partner kennen, glaubt jedes Mal, die große Liebe gefunden zu haben, und wird nach kurzer Zeit bitterlich enttäuscht.
- Jemand hat jegliches Vertrauen in Partnerschaften verloren, weil er so oft enttäuscht wurde, und glaubt, sich nie wieder verlieben zu können.

Möglicherweise kennst Du einiges davon sogar von Dir selbst. Wie kann es also sein, dass die Sorgen von Paaren sich oft so ähneln, obwohl jedes von ihnen eigentlich einzigartig ist?

Ganz einfach: Das liegt zum einen daran, dass natürlich jeder von uns bestimmte menschliche Bedürfnisse hat, die er mehr oder weniger stark in seiner Partnerschaft stillen möchte: zum Beispiel das Bedürfnis nach Geborgenheit, nach Sicherheit, das Bedürfnis, geliebt zu werden, akzeptiert und ernst genommen zu werden, Leidenschaft zu erleben, sich attraktiv und begehrt zu fühlen.

Hinzu kommt, dass die meisten von uns mit ungefähr den gleichen Vorstellungen davon, wie eine Beziehung *theoretisch* zu sein hat und was sie uns *geben* soll, in eine Partnerschaft starten: Geprägt werden diese Vorstellungen von dem Wertesystem, in dem wir leben und mit dem wir uns identifizieren, genauso wie von Eltern, Freunden, Verwandten und anderen Vorbildern, die uns umgeben, von Medien und Kultur. Infolgedessen kategorisieren wir viele Verhaltensweisen unseres Partners in *richtig* und *falsch*, beurteilen, was in einer Partnerschaft *gut* und was *schlecht* ist, und haben idealtypische Bilder davon, wie eine glückliche Beziehung aussehen sollte.

Obwohl jede Annäherung zwischen zwei Menschen komplett neu, besonders und unverwechselbar ist, begegnen wir ihr innerhalb eines gemeinsamen Kultur- und Lebenskreises also dennoch häufig und von Anfang an mit einer Reihe von vorgefertigten Erwartungen und Ansprüchen.

Überspitzt gesagt: Dass mein Partner fremdgeht, wird für mich vor allem dadurch zum Problem, dass Treue in unserer Kultur ein wichtiger Wert ist und ich deshalb davon überzeugt bin, dass Monogamie zu einer guten Beziehung dazugehört. Oder ich bin frustriert, dass mein Partner nie Zeit für mich hat, weil ich daraus ableite, dass ich ihm nicht wichtig genug bin – weil »man« seine Freizeit meiner Überzeugung nach nun mal mit dem Menschen verbringt, den man am liebsten hat.

In vielen Fällen sind die Erwartungen und Ansprüche, die wir an einen Partner haben, vollkommen nachvollziehbar und sinnvoll. Aber das Problem ist: In vielen anderen Fällen schaden sie uns und unserem Beziehungsglück im Grunde viel mehr, als dass sie uns nutzen. Weil sie einem Bild von Partnerschaft entspringen, an das wir tragischerweise fast alle glauben, das erwiesenermaßen aber gar nicht dafür geschaffen ist, wirklich glückliche, zufriedene Paare hervorzubringen – sondern stattdessen Konflikte, Enttäuschungen und Unzufriedenheit erst entstehen lässt. Zu entlarven, welches Bild von Partnerschaften das genau ist, ist Ziel dieses ersten Teils von »Goodbye Beziehungsstress«, in dem ich Dir die zehn (meiner Beobachtung nach) am weitesten verbreiteten »Irrtümer des Beziehungsglücks« vorstellen werde – jene Denk- und Verhaltensweisen also, von denen wir meinen, dass sie dazugehören, wenn man als Paar glücklich sein möchte, mit denen wir in Wahrheit aber leider genau das Gegenteil erreichen.

Hm, will sie mir damit etwa sagen, dass ich vermutlich selbst schuld daran bin, wenn ich keine glückliche Beziehung führe, weil ich ein falsches Bild von Partnerschaft habe? Wie kann sie das denn behaupten? Das wirst Du Dich jetzt vielleicht fragen – vollkommen zu Recht! Und Folgendes möchte ich Dir dazu sagen:

Zum einen geht es hier niemals um Schuld. Denn erstens ist ja niemand dazu verpflichtet, eine glückliche Beziehung zu führen, und zweitens sind die »Irrtümer des Beziehungsglücks« wie gesagt allgegenwärtig und dennoch den allermeisten Menschen so wenig bewusst, dass es weder von besonderer Nachlässigkeit noch von irgendeiner Absicht zeugt, wenn man ihnen erliegt.

Zum anderen komme ich zu meiner Aussage auch nur deshalb, weil ich jahrelang und anhand von zig Beispielen live miterleben konnte, was so viele Menschen in Beziehungen eben *nicht glücklich* macht. Ich erkannte Parallelen, zog Schlussfolgerungen und durfte beobachten, was passiert, wenn Frauen und Männer die »Irrtümer des Beziehungsglücks« verhindern: Paare kamen wieder zusammen, führten harmonischere Beziehungen, oder aus der nächsten neuen Bekanntschaft wurde endlich eine feste und glückliche Partnerschaft.

Und erst dann, nachdem mir all das im »echten Leben« aufgefallen war, habe ich mich an die theoretische Überprüfung meiner Beobachtungen gemacht. Und voller Freude festgestellt, dass das, was ich da miterleben durfte, keinesfalls Zufall oder überraschend war – sondern ziemlich logisch. Das Verrückte daran ist nur: Viel zu wenige Menschen wissen davon. Vermutlich, weil es so selten in klaren, praxisnahen und für jeden nachvollziehbaren Sätzen erklärt wird! Und das möchte ich nun ändern.

Die zehn Irrtümer des Beziehungsglücks

Ich habe Dir erklärt, dass es in diesem Buch darum geht, wie Du eine *glückliche* Beziehung führen kannst. Und dass sehr viele Menschen in der festen Überzeugung, das Beste für sich und ihre Partnerschaft zu tun, leider genau das Gegenteil erreichen – weil sie den »Irrtümern des Beziehungsglücks« erliegen. Nun wollen wir mal konkret werden, o. k.?

Ich werde Dir die Beziehungsirrtümer, die mir am häufigsten begegnet sind, jetzt beschreiben und sie anhand von echten Beispielen für Dich greifbar machen. Erst einmal geht es dabei wirklich nur darum, dass Du ein Gefühl dafür bekommst, inwieweit sie auch in Deinem Liebesleben eine Rolle spielen. Warum diese Irrtümer einen so großen Schaden anrichten und wie Du sie verhindern kannst, werden wir dann im zweiten Teil von »Goodbye Beziehungsstress« klären.

Am Ende jedes Irrtums findest Du einen kurzen Selbst-Check, der es Dir erleichtern soll, Dich in Bezug zum jeweiligen Thema einzuschätzen – denn natürlich sind die Fälle, die ich hier exemplarisch gewählt habe, besonders plakativ. Vielleicht denkst Du zunächst also etwas wie »Um Gottes willen, so bin ich niemals!« oder »So was gibt es in meiner Partnerschaft ganz sicher nicht!«. Bitte fülle die Fragebögen deshalb sehr ehrlich aus, lass Dir Zeit zum Nachdenken. Und dann notiere, wie häufig Du tatsächlich »Ja« als Antwort angekreuzt hast. Am Ende des ersten Teils wirst Du eine Auswertung zu Deinem Ergebnis finden. Und, das sei schon jetzt gesagt: Ganz egal, wie es ausfällt, mach Dir keine Sorgen! Denn alle zehn Irrtümer des Beziehungsglücks lassen sich mit einem einzigen Gegenmittel behandeln, wenn man weiß, wie es funktioniert – Ehrenwort! Du kannst dem Ergebnis Deines Selbst-Checks also ganz gelassen entgegensehen.

All die Frauen, Männer, Singles und Paare, um die es nun gehen wird, haben mir übrigens nicht nur ihre Erlaubnis dafür gegeben, dass ich über sie schreibe, sondern haben mich sogar ausdrücklich darum gebeten, Dir von ihnen zu erzählen. Weil sie einen Beitrag dazu leisten möchten, dass auch Du in Zukunft eine glücklichere Beziehung führst. Danke, Laura, Falko, Tommy, Sarah, Frieda, Schorsch, Clara, Anna, Tilo, Emilia, Fee, Marie und Benjamin hier schon einmal von mir für Euer Engagement, Eure Offenheit und Euer Vertrauen!

Irrtum #1

Das *Hättest-könntest-müsstest-solltest*-Paar

»Mein Partner sollte sich (für mich) verändern.«

Laura, die 32-jährige Biologin aus Köln, mit der ich im Sommer 2016 ein Skype-Gespräch führte, war empört. Das merkte ich nicht nur daran, dass sie ihre Stirn immer wieder in zwei tiefe, senkrechte Zornesfalten legte, sie sprach auch seit zehn Minuten sehr schnell und mit aufgeregter Stimme in die Kamera. Pausen machte sie kaum, so viel hatte sie mir mitzuteilen. Eine Woche zuvor hatte sie sich von ihrem Freund getrennt – war aber alles andere als glücklich mit dieser Entscheidung.

»Das Problem ist: Ich habe mich eigentlich gar nicht wirklich von Falko getrennt«, erklärte sie mir. »Also, ich wollte das zumindest eigentlich gar nicht. Und ich glaube, es ist auch nicht so, dass ich ihn nicht mehr liebe. Sondern, na ja, er hat mir irgendwie gar keine andere Wahl gelassen. Wir haben in den letzten Monaten total viel gestritten, und als es dann am letzten Sonntag wieder mal so richtig schlimm eskaliert ist, habe ich in meiner Aufregung einfach gesagt, dass das so vielleicht alles keinen Sinn mehr macht. Aber ich habe das ja nur mal so in den Raum geworfen! Nur – anstatt zu versuchen, mich vom Gegenteil zu überzeugen, was Falko doch hätte machen sollen, wenn er mich liebt, hat er einfach nur genickt. Dagesessen und genickt! Tja, und dann war's plötzlich irgendwie aus, obwohl ich das gar nicht beabsichtigt hatte. Zumindest war ich mir noch nicht sicher. Aber er sich ja scheinbar schon.« Sie schüttelte ungläubig den Kopf. »Und alles nur, weil er wieder mal vor *World of Warcraft* festhing, wie so oft. Ich meine, mal ehrlich: Findest Du es normal, dass ein 35-jähriger intelligenter Mann, der ein erfolgreicher Anwalt ist, jede freie Minute mit Computerspielen verbringt? Deswegen haben wir am Ende fast jedes Wochenende gestritten. Am vorletzten Sonntag war es draußen ja endlich mal wieder sonnig, und ich habe Falko natürlich gesagt, dass er mal besser mit mir raus zum Laufen kommen sollte, anstatt da im Dunkeln vor dem Bildschirm zu hocken. Eigentlich ist er nämlich ein guter Sportler, und Tageslicht ist doch gesund, gerade wenn man schon die ganze Woche über immer nur im Büro sitzt. Aber da war er dann gerade wieder mitten in irgendeinem Quest oder wie man das nennt und wollte nicht unterbrochen werden. Ich verstehe das einfach nicht, und das habe ich ihm dann auch gesagt, ich meine es doch nur gut mit ihm. Daraufhin meinte er dann, dass ich nicht immer so rastlos sein soll und dass ich hyperaktiv bin und warum ich es mir nicht einfach mal mit ihm gemütlich machen könnte und ein Buch lesen. So ging das bei uns irgendwie die ganze Zeit hin und her. Ich hätte mir von meinem Partner einfach gewünscht, dass er öfter mal die Dinge mit mir macht, die mir Spaß machen. Ich finde, das sollte ein Partner einfach tun. Und klar, als Gegenleistung hätte ich das dann auch total gern gemacht! Man sagt doch auch immer, dass gemeinsame Interessen wichtig sind, oder? Ich weiß nicht, vielleicht passen wir einfach wirklich nicht zusammen. Obwohl am Anfang, als ich Falko kennengelernt habe, da war das alles anders. Da hat er schon mit mir trainiert. Oder zumindest hat er nicht an mir rumgenörgelt, wenn ich sonntags früh aufgestanden bin, um Sport zu machen. Später hat ihn das ja immer total genervt, sodass ich mich schon kaum mehr getraut habe, mich morgens aus dem Bett zu schleichen, weil er mir dann oft hinterhergeraunzt hat: »Du hättest ja auch ruhig mal mit mir ausschlafen können, das kann doch nicht zu viel verlangt sein.« Und dann bin ich zwar gegangen, aber habe mich irgendwie schon schlecht gefühlt. Und was mir dabei gerade einfällt, was richtig fies war, auch wenn es jetzt eigentlich unwichtig ist, war, dass er neulich bei einem Abendessen mit alten Schulfreunden in die Runde gesagt hat, ich würde ihn manchmal richtig an unsere ehemalige Sportlehrerin erinnern, Frau Steffens. Das war so eine zickige Alte mit Trillerpfeife. Er hat zwar dabei gelacht, und es hat auch keiner so richtig ernst genommen, glaub ich, aber an jedem Scherz ist ein Stück Ernst. Mich hat es insgeheim verletzt. Später, als wir zu Hause im Bett lagen, war Falko dann auch besonders lieb zu mir, da hatte er bestimmt ein schlechtes Gewissen. Na ja, die Nacht war dann am Ende eigentlich noch sehr schön.« Sie zögerte kurz. »Diese guten Momente zwischen uns gibt es halt auch noch. Ich mag, wie Falko riecht, der Sex ist gut, und er kann mich zum Lachen bringen. Ich fühle mich bei ihm oft geborgen. Ich weiß einfach nicht, was ich jetzt machen soll. Ob das mit der Trennung wohl ein Fehler war? Oder einfach ein unglückliches Missverständnis? Ein blöder Zufall an einem blöden Sonntag? Soll ich ihm vorschlagen, es noch mal zu versuchen?«

Wie ging es Dir dabei, Lauras Bericht zu lesen? Denkst Du, die Trennung der beiden war eine Kurzschlussreaktion, ein »blöder Zufall an einem blöden Sonntag«? Oder vielleicht doch vorhersehbar und richtig? Was Laura mir damals erzählte, war ja relativ ambivalent: Einerseits stritten sie und Falko viel – andererseits aber meinte sie es »doch nur gut mit ihm«, mochte seinen Geruch, den Sex und lachte oft mit ihm gemeinsam. Irgendetwas zwischen den beiden stimmte ganz offensichtlich, aber irgendetwas eben auch nicht.

»Was mir aufgefallen ist«, erklärte ich Laura also während unserer weiteren Unterhaltung, »ist, dass du an ein paar Stellen erzählt hast, dass du zu Falko sagtest, er solle mal besser so und so sein oder dieses und jenes machen, und dass er das Gleiche bei dir auch macht, Laura. Ihr habt schon ziemlich präzise Vorstellungen davon, wie der andere sein und was er für euch tun soll, oder? Kam das jetzt nur so rüber, oder ist es wirklich so?« Sie überlegte kurz. »Tja. Das ist schon wirklich so. Ich sage ihm halt oft, dass er mal interessierter an mir sein und mehr Zeit mit mir verbringen sollte, und so. Weil ich mir das mit uns manchmal eben so anders vorstelle, als es dann in Wirklichkeit ist. Und ich finde, Falko könnte sich schon auch ein bisschen Mühe geben, sich zu verändern, wenn ich mir das nun mal wünsche! Und bei ihm ist es eben meistens die Sache mit dem Ausschlafen oder dass ich häuslicher sein sollte. »Ich nickte. »Und nun sagst du, du machst so was manchmal, weil du eigentlich nur das Beste für Falko willst. Aber beschreib mal: Wie fühlt es sich eigentlich für dich an, wenn er so was zu dir sagt?« Sie presste die Lippen aufeinander, ehe sie sprach.

»Total blöd. Ich fühle mich dann von ihm kritisiert und manchmal richtig gegängelt. Manchmal denke ich auch, dass er zu viel von mir verlangt. Ich verteidige mich, dann kriegen wir Streit. Oder ich ziehe mich einfach zurück.«

Laura und Falko sind das, was ich hier ein *Hättest-könntest-müsstest- solltest*-Paar nennen möchte. *Hättest- könntest- müsstest-solltest*-Konstellationen erkennt man daran, dass einer oder beide Partner in der Kommunikation dem anderen gegenüber oder über den anderen auffällig häufig die Begriffe *hättest, könntest, müsstest* und *solltest* benutzen – und zwar, um mit diesem Konjunktiv einen Wunsch, ein Bedürfnis, eine Bitte, ein Missfallen, eine Kritik, einen Vorwurf, eine Aufforderung oder auch eine Enttäuschung zum Ausdruck zu bringen:

- »Du *solltest* mal besser mit mir raus in die Sonne gehen, anstatt hier vor dem Computer zu hocken«, sagt Laura zu Falko.
- »Du *hättest* ja auch mal mit mir ausschlafen können, anstatt in aller Herrgottsfrühe aufzustehen«, kommentiert der, während Laura sich aus dem Schlafzimmer schleicht.
- »Um ein guter Partner zu sein, *müsstest* du öfter mit mir gemeinsam meinen Interessen nachgehen«, findet Laura und sogar:
- »Wenn du mich liebst, *müsstest* du um mich kämpfen.«

Bei anderen Paaren wird das *Hättest, könntest, müsstest, solltest* nicht wörtlich, aber unterschwellig ausgesprochen:

- »Nee, ganz toll, dann kann ich heute Abend ja mal wieder alleine essen.« (Also »Du *hättest* dir ja auch mal Zeit für mich nehmen können!«)

- »Wie kann man nur so einen schlechten Musikgeschmack haben!« (Aka »Du *solltest* andere Musik hören!«.)
- »Wieso bist du denn bitte müde, ich mache doch eh die ganze Arbeit allein!« (Aka »Du *könntest* mir ruhig mal helfen!«.)
- »Mir zeigt ja eh niemand, dass er mich lieb hat.« (Aka »Du *müsstest* liebevoller zu mir sein.«.)

Hinter dieser Art der Kommunikation steckt der Gedanke, dass der Partner sich auf irgendeine Weise verändern oder anders verhalten sollte, weil man das in einer guten Partnerschaft so macht, weil es normal wäre oder auch einfach, weil man es sich nun mal wünscht. Und wenn der Partner dieses oder jenes nicht tue beziehungsweise so und so sei, dann könne weder die Beziehung noch man selbst glücklich sein. In der Konsequenz sind Menschen, die *Hättest-könntest-müsstest-solltest*-Botschaften senden, oft enttäuscht, frustriert, wütend oder fühlen sich sogar als »Opfer« ihres Partners, wenn der nicht so funktioniert, wie sie es sich vorstellen. Im Extremfall kann das so weit gehen, dass zwei Menschen sich in Form von Nörgeln, Frotzeln, Vorwürfen und gegenseitiger Kritik regelrecht aneinander abarbeiten und man beinahe den Eindruck bekommen könnte, dass sie gezwungen werden, zusammen zu sein.

Obwohl viele Frauen und Männer mit dem Gedanken »Mein Partner sollte sich für mich verändern« eigentlich versuchen, ihre Beziehung zu verbessern, erreichen sie in der Regel genau das Gegenteil – denn kein Partner dieser Welt kann allen Ansprüchen eines anderen entsprechen. Stattdessen sind negative Emotionen in solchen Konstellationen beinahe vorprogrammiert: Auf Seiten des Absenders der Botschaften sind das Enttäuschung, Frustration, Wut, Unzufriedenheit, Schmerz oder Trauer. Und auf Seiten des Empfängers lösen *Hättest-könntest-*

müsstest-solltest-Botschaften häufig Reaktionen wie Kränkung, Verteidigung, Verunsicherung, Scham oder ebenfalls Wut, Schmerz und Enttäuschung aus. In der Folge zieht der kritisierte Partner sich meist emotional zurück oder geht zumindest auf Abstand – weil er sich permanent verletzt, infrage gestellt oder unter Druck gesetzt fühlt.

»Was wäre eigentlich, wenn Falko endlich so wäre, wie er deiner Meinung nach sein sollte?«, wollte ich von Laura am Ende unseres Gesprächs noch wissen. Sie wirkte erstaunt. »Na ja, wenn Falko nur ein bisschen aktiver wäre und ab und zu auch etwas engagierter, ich glaube, dann wäre ich richtig glücklich. Dann wären *wir* richtig glücklich«, korrigierte sie sich. Ich hakte nach: »Und so lang er das nicht ist, kannst du nicht glücklich sein?« Sie stutzte. »Nein, weil mir dann einfach vieles fehlt, um mich richtig wohlzufühlen.«

♥

Dein Selbst-Check

»Mein Partner sollte sich (für mich) verändern.«

Wenn Du denkst, dass Dein Partner sich (für Dich) verändern sollte, möchtest Du damit im Grunde erreichen, dass Eure Beziehung und damit auch Du selbst glücklicher wirst. Denn wenn Dein Partner nur endlich genau so wäre, wie Du ihn brauchst, dann wäre ja plötzlich alles ganz einfach! Oder? Natürlich kann man das so machen und ständig hoffen, bitten oder durch Kritik und Nörgeln fordern, dass der Partner den eigenen Wünschen nachkommen möge. Aber was man dabei nicht vergessen sollte: Die Wahrscheinlichkeit, dass Dein Partner jemals all Deinen Vorstellungen wird entsprechen können und wollen und dass er dabei gleichzeitig auch noch »er selbst« bleibt, ist sehr gering. Genau wie Du ist er ein Individuum aus Fleisch und Blut und kein Roboter. Wenn Du Euer Beziehungs- und damit auch Dein persönliches Glück also von seiner Veränderung abhängig machst, wirst Du mit ziemlicher Sicherheit sehr häufig enttäuscht. Du gibst Deinem Partner außerdem das Gefühl, dass er nicht gut ist, so wie er ist. Viele negative Gefühle wie Wut, Verletzung, Traurigkeit oder Unsicherheit gelangen auf diesem Weg in Eure Beziehung. Das kann zu Streit und in vielen Fällen, wie leider auch bei Laura und Falko, sogar zu einer Trennung führen.

- Kannst Du Dich in Lauras Geschichte wiedererkennen?
  ☐ Ja / ☐ Nein
- Wenn Du ganz ehrlich zu Dir bist: Sprichst Du mit Deinem aktuellen Partner oder früheren Partnern oft in *Hättest-könntest-müsstest-solltest*-Sätzen?
  ☐ Ja / ☐ Nein
- Bist Du manchmal enttäuscht / wütend / traurig, weil Du denkst, dass Dein Partner für Dich eigentlich etwas hätte tun sollen / für Dich irgendwie anders sein müsste?
  ☐ Ja / ☐ Nein
- Gibt es Situationen, in denen Du denkst, dass Dein Partner dafür verantwortlich ist, dass es Dir schlecht geht, und in denen Du Dich wie sein »Opfer« fühlst?
  ☐ Ja / ☐ Nein
- Argumentierst Du Deinem Partner gegenüber im Streit oft damit, was »man« in einer Beziehung tun sollte oder was »normal« ist?
  ☐ Ja / ☐ Nein

- Macht es Dich manchmal wütend, oder bist Du oft enttäuscht, dass Dein Partner Deine Wünsche nicht erfüllt?
  ☐ Ja / ☐ Nein

Irrtum #2

Die »*Du gehörst (zu) mir*«-Kette

*»Kontakt zum Ex-Partner ist in einer
ernsthaften Beziehung tabu.«*

Wie oft ich in einer meiner Beratungsstunden einen oder gleich mehrere der folgenden Sätze gehört habe, kann ich kaum zählen:

- »Meine Freundin hat damals von mir verlangt, dass ich den Kontakt zu all meinen weiblichen Bekannten abbreche.«
- »Für meinen Partner sollte ich die ganzen alten Liebesbriefe, die mein Ex-Freund mir geschrieben hat, wegwerfen.«
- »Natürlich habe ich, als wir zusammenkamen, die Nummer von meinem Ex-Freund aus meinem Handy gelöscht – das ist für mich selbstverständlich.«
- »Freundschaften zwischen Frauen und Männern gibt es nicht. Von meinem Partner erwarte ich, dass er sich nicht mit anderen Frauen trifft, und ich handhabe das mit anderen Männern genauso.«
- »Als wir zusammenkamen, hat jeder von uns in seiner Wohnung erst mal alles, was an Ex-Partner hätte erinnern können, entsorgt.«

Auch frisch liierte Paare aus meinem Bekanntenkreis erzählen mir oft ganz ähnliche Dinge – gerne mit einem stolzen Unterton: *Schau, wie ernst wir beide es miteinander meinen, wir kappen füreinander sogar die Verbindung zur übrigen Frauen- und Männerwelt! Ist das nicht romantisch?*

Mit meiner Reaktion muss ich mein Gegenüber dann oft enttäuschen. Aber ich finde diese Informationen ganz und gar nicht romantisch – sondern eher bedenklich. Weil ich mich sofort zwei Dinge frage: Was führt wirklich dazu, dass ein Partner vom anderen verlangt, den Kontakt zu Menschen, die diesem einmal wichtig waren, abzubrechen? Und was dazu, dass jemand glaubt, seinem Partner das auch tatsächlich schuldig zu sein? Geht es da wirklich um Romantik?

Überlegen wir doch einmal andersherum: Unter welchen Bedingungen können zwei Menschen in einer Beziehung darauf verzichten, einander den Kontakt zu anderen Frauen oder Männern und zu Ex-Partnern zu »untersagen« und sich, wie ich es nenne, eine »*Du gehörst (zu) mir*-Kette« anzulegen? Wann könnten sie also, im Gegenteil, ganz entspannt damit umgehen, dass ihr Partner selbst entscheidet, ob und wie viel Austausch er mit diesen Personen haben möchte? Ich habe dazu einige solche »entspannte« Partner befragt. Dies waren ihre Antworten:

– »Für mich ist es o. k., dass mein Partner Kontakt zu seinen Ex-Freundinnen hat, weil ich ihm vertraue.«
– »Ich fühle mich in meiner Beziehung sicher und geborgen und habe den Eindruck, mein Partner ist genauso glücklich mit uns, wie ich es bin. Deswegen habe ich nichts zu befürchten.«
– »Wenn mein Partner fremdgehen wollen würde, dann würde er das doch sowieso tun – das kann ich durch irgendwelche Regeln nicht verhindern. Und wenn es dann so wäre, müssten wir schauen, was das für uns bedeutet und wie das Leben weitergeht. So unendlich traurig es wäre, auch davon geht die Welt nicht unter.«

- »Ich möchte meinen Partner in nichts einengen. Genauso wenig, wie ich eingeengt werden möchte.«
- »Ich glaube daran, dass einander Freiräume zu geben der beste Garant dafür ist, dass man auf Dauer zusammenbleibt.«
- »Das klingt vielleicht blöd, aber ich finde, ich bin eine tolle Partnerin. Also ich glaube, ich bin mir meines Wertes einfach so bewusst, dass ich mir gar keine Sorgen um andere Frauen mache.«
- »Was habe ich denn davon, wenn ich ihn an mich kette? Ich möchte doch, dass er freiwillig bei mir ist.«
- »Ehrlich gesagt finde ich es manchmal richtig schön zu sehen, wenn mein Freund auch mal mit anderen Frauen flirtet. Ich bin dann ganz stolz, dass sie ihn attraktiv finden – weil er sich ja für mich entschieden hat.«

Diese Aussagen passten gut zu dem, was ich auf der anderen Seite von Kunden, die in einer Beziehung *Du gehörst (zu) mir*-Ketten erlebt oder sie jemandem angelegt hatten, gehört habe. Denn hinter dem Wunsch, dem Partner den Kontakt mit für die eigene Partnerschaft potenziell »gefährlichen« Personen einzuschränken, steckten beispielsweise:

- Die Überzeugung, dass solche Regeln einfach »normal« sind und Verzicht zu Beziehungen nun mal dazugehört.
- Mangelndes Vertrauen in die Treue des Partners.
- Das Gefühl, dem Partner nicht zu genügen.
- Das Gefühl, das eigene Leben sei im Fall eines Seitensprungs oder des Verlusts des Partners zu Ende.
- Das dringende Bedürfnis nach Zugehörigkeit, für das man bereit ist, die eigene Freiheit aufzugeben.
- Das Gefühl, dass andere viel attraktiver, klüger und einfach begehrenswerter sind als man selbst.

Es scheint also, dass es beim »verordneten« Kontaktabbruch in Wahrheit gar nicht so sehr um Romantik, sondern eher um die eigene Angst geht. Die Angst davor, was passieren könnte, wenn der Partner fremdflirtet oder fremdgeht. Und hinter dieser Angst stecken mangelndes Vertrauen, ein geringes Selbstwertgefühl und die Sorge, verlassen zu werden. Vor allem auf Seiten desjenigen, der seinem Partner die *Du gehörst (zu) mir*-Kette anlegt, aber auch bei dem, der sie sich anlegen lässt. Denn entweder teilt er die Meinung seines Partners, oder er tut es nicht, lässt aber dennoch zu, so behandelt zu werden, anstatt sich zu wehren – was ebenfalls für ein eher schwaches Selbstbewusstsein und möglicherweise die Angst vor dem Alleinsein spricht.

Nun würde mich sehr interessieren, was Du zu alledem denkst: Macht es wirklich Sinn, seinem Partner Ketten anzulegen, um damit eine (nur scheinbare) Stabilität in die Beziehung zu bringen, die auf dem Ausschluss von möglichen Risikofaktoren basiert? Oder wäre es nicht eigentlich besser, sich den hinter diesem Wunsch liegenden Gefühlen wie Unsicherheit, mangelndem Selbstwert oder Verlustangst zu widmen? Wie glücklich kann eine Partnerschaft, die auf Misstrauen und Kontrolle basiert, überhaupt sein?

Fest steht: Paare, die einander den Kontakt zu Ex-Partnern und zu anderen Frauen oder Männern verbieten, schränken ihr Sozialleben jenseits der Beziehung in erheblichem Maße ein. Sie berauben sich selbst außerdem der Chance, eine Partnerschaft zu führen, in der sie sich sicher und gleichzeitig frei fühlen. Bestenfalls bleibt das der einzige Schaden, den die Ketten anrichten. Sehr häufig führen sie jedoch leider auch dazu, dass einer der Partner sich irgendwann eingeengt fühlt und dann das Bedürfnis entwickelt, tatsächlich aus der Beziehung auszubrechen.

♥

Dein Selbst-Check

*»Kontakt zu den Ex-Partnern ist in
einer ernsthaften Beziehung tabu.«*

Mit der Ansage, dass der Kontakt zu Ex-Partnern und anderen potenziell bedrohlichen Frauen/Männern in einer ernsthaften Beziehung tabu ist, möchtest Du möglicherweise Stabilität und Sicherheit in Deine Partnerschaft bringen. Damit kompensierst Du vielleicht jedoch nur Gefühle wie Dein eigenes Misstrauen, Deine Unsicherheit und Verlustangst – die, wenn Du ganz ehrlich bist, in einem direkten Widerspruch zu einer wirklich glücklichen Partnerschaft stehen. Oder? Und nicht nur das: Mit der *Du gehörst (zu) mir*-Kette gehst Du außerdem das Risiko ein, dass Dein Partner sich in Eurer Beziehung irgendwann eingeengt fühlt und ausbricht. Lässt Du Dir Ketten anlegen, nimmst Du Dir die Chance, Kontakt zu Menschen zu pflegen oder zu halten, die Dir wichtig sind – was Du später möglicherweise einmal sehr bereuen wirst.

- Verlangst Du von Deinem Partner, dass er den Kontakt zu seinen Ex-Partnern (bzw. anderen potenziell »bedrohlichen« Frauen/Männern) abbricht?
  ☐ Ja / ☐ Nein
- Bereitet es Dir Bauchweh, wenn Dein Partner sich mit einem seiner Ex-Partner (bzw. anderen) trifft?
  ☐ Ja / ☐ Nein
- Schränkst Du auf Wunsch Deines Partners den Kontakt zu Deinen Ex-Partnern (bzw. anderen) ein?
  ☐ Ja / ☐ Nein

- Bist Du sehr eifersüchtig?
  ☐ Ja / ☐ Nein
- Denkst Du häufig, dass Dein Partner andere Frauen oder Männer attraktiver finden könnte als Dich oder fragst Dich insgeheim, was ihn bei Dir hält?
  ☐ Ja / ☐ Nein

Irrtum #3

Sofasitzen, Stubenhocken und die große Langeweile

»In einer guten Beziehung macht man alles zusammen.«

»Ich hab das einfach nicht mehr ausgehalten, diesen ewig gleichen Trott.« Tommy (37) saß in einer Ecke des Sofas in meiner Praxis, stützte die Ellenbogen auf die Knie und verbarg sein Gesicht immer wieder in den Händen, während er sprach. »Wir haben in den letzten Jahren so gut wie jeden Abend zu Hause auf dem Sofa verbracht.« Er gab seiner Stimme einen leiernden Unterton. »Sonntags der Besuch bei der Familie meiner Schwester oder ihren Eltern. Zweimal in der Woche zusammen zum Sport. Urlaub im Sommer irgendwo in Italien, im Winter immer nach Österreich zum Skifahren.« Hier machte Tommy eine kurze Gedankenpause. »Ich meine, das war natürlich alles schön und bequem, und ich hab's ja auch selbst so gewollt, aber irgendwann hat es eben doch angefangen, mich zu langweilen. Nur, dann war es schon zu spät irgendwie. Und wir so festgefahren. Wie soll ich das beschreiben ... Ich hatte das Gefühl, mein Leben zieht an mir vorbei.« Er machte eine ausladende Bewegung mit dem Arm und rieb sich dann die Augen. »Versteh mich bitte nicht falsch, ich mache Sarah keinen Vorwurf, wirklich nicht, auch wenn sie das jetzt glaubt. Aber es geht so doch für uns beide nicht weiter. Ich möchte was erleben, mal wieder Kribbeln im Bauch haben, mich lebendig fühlen. Ja, genau, das ist es, ich habe mich in unserer Partnerschaft nicht mehr lebendig gefühlt. Und ich glaube, Sarah geht es im Grunde nicht anders, wenn sie ehrlich zu sich ist. Nur ist es ihr entweder nicht so wichtig, oder sie gesteht es sich nicht ein.« Tommy schaute mir verzweifelt in die Augen. »Ich hab in den letzten Monaten wirklich versucht, für uns beide noch mal die Kurve zu kriegen, habe versucht, Sarah zu motivieren, Aktivitäten zu planen, mal was Neues auszuprobieren. Aber sie hat immer gedacht, ich will sie kritisieren, oder sie war gestresst von der Arbeit und hatte abends keine Lust mehr rauszugehen. Das hat alles nicht geklappt. Uns ist die Leichtigkeit abhandengekommen.«

Tommy hatte sich von Sarah getrennt. Seitdem machte sie ihm schwere Vorwürfe und unterstellte ihm eine Midlife-Crisis, fragte, wie er all die gemeinsamen Jahre einfach so wegschmeißen könne, und bat ihn verzweifelt, zu ihr zurückzukommen. Tommy selbst war zutiefst verunsichert, spürte aber, wie gut ihm viele Freiheiten seines neu gewonnenen Singlelebens taten. Außerdem gab es da eine Kollegin, die seit Kurzem ziemlich offensiv mit ihm flirtete, was ihn neugierig machte. »Ich habe gerade das Gefühl, dass ich wieder zu dem Mann werde, der ich war, bevor Sarah und ich zusammenkamen«, erklärte Tommy mir. »Da war ich zwei Jahre lang solo, und das war rückblickend eine richtig gute Zeit, auch wenn ich mir damals oft eine Beziehung gewünscht habe. Aber mein Leben war irgendwie, wie soll ich sagen, aufregender. Ich war viel mit Freunden unterwegs, hab Wochenendtrips gemacht, meine Lieblingsband in ganz Europa live gesehen, für den Marathon trainiert.« Er lächelte bei diesen Erinnerungen. »Mit Sarah war es natürlich auch total schön! Aber irgendwie anders. Mir fehlte irgendwann vielleicht einfach ein Teil von mir – oh Mann. Klingt das sehr blöd? Beides zusammen, das wäre optimal ...« Tommy sprach diesen letzten Satz aus, als handelte es sich dabei um einen vollkommen unerreichbaren Traum.

Was ihn denn an Sarahs Seite davon abgehalten habe, beide »Teile« gleichermaßen auszuleben, also zum Beispiel seine Interessen weiterzupflegen, wollte ich daher wissen. Er schien erstaunt. »Na ja, in einer Beziehung macht man doch die meisten Sachen zusammen. Ich wollte ja auch ganz viel Zeit mit Sarah verbringen! Aber sie mag halt meine Musik nicht so, und Sport interessiert sie nur bis zu einem gewissen Grad. Und an den Wochenenden musste sie sich oft um ihre Eltern kümmern. Da einfach zu sagen, ich hau mal für ein paar Tage ab, wäre mir super egoistisch vorgekommen. Sarah hat meinetwegen schließlich auch auf manches verzichtet.«

Auch Paare wie Tommy und Sarah kennt wohl fast jeder von uns: Zwei Menschen, die eine eigentlich harmonische Beziehung führen – sich dann aber trotzdem irgendwann trennen, weil die Luft irgendwie raus ist, die Spannung fehlt, man mal wieder Kribbeln im Bauch haben will. Sie reden von Langeweile, vom Alltagstrott, der abhandengekommenen Energie und Lebendigkeit, oder davon, wie oft sie zusammen auf dem Sofa gesessen hätten. Und finden, das könne ja noch nicht alles gewesen sein.

Wenn man wie ich dann mit solchen Frauen oder Männern nach den Gründen für diese Situation forscht – um die Trennung zu verstehen, sie noch einmal zu überdenken oder für die Zukunft etwas aus dem Erlebten zu lernen –, zeigt sich, dass hinter der großen Langeweile oft derselbe zentrale Gedanke steckt: Die Überzeugung, dass es zu einer glücklichen Beziehung dazugehört, dass man die meiste oder sogar seine ganze Freizeit mit dem Partner verbringt.

Aktivitäten allein oder mit Freunden zu planen, an denen der Partner keine Freude hat, erscheint Menschen wie Tommy »egoistisch« oder innerhalb einer Partnerschaft zumindest als »unpassend« – sie haben das Gefühl, dass auch ihr Partner von ihnen erwartet, dass sie sich ganz auf ihn konzentrieren (damit haben sie in vielen Fällen auch recht). Sie befürchten, dass eine getrennte Freizeitplanung der Beziehung schaden würde. Und haben in Ermangelung an ausreichend gemeinsamen Hobbys und Interessen dann als gemeinsamen Nenner das heimische Sofa entdeckt – um es mal etwas überspitzt auszudrücken. Und sosehr sich zwei Menschen auch lieben: Die Langeweile kommt auf diese Weise automatisch.

Noch einmal einen Ausweg aus der Situation zu finden ist für die meisten dieser Paare schwer. In vielen Fällen ist es nämlich erst mal nur einer von beiden, der das Ganze als problematisch empfindet. Wodurch der andere sich automatisch kritisiert, unter Druck gesetzt oder zurückgestellt und vernachlässigt fühlt und in die Opferrolle schlüpft (obwohl er insgeheim vielleicht genauso denkt). Manche Paare versuchen eine Weile, ihrem Zusammensein neue Impulse zu geben – was sich häufig aber leider »krampfig« oder, wie Tommy es ausdrückt, nicht mehr »leicht« und selbstverständlich anfühlt. Außerdem, auch das spielt eine wichtige Rolle, wendet einer von beiden sich währenddessen oftmals bereits einer dritten Person zu, bei der er die verloren gegangene »Lebendigkeit« wieder besser spüren kann.

In manchen Fällen ist eine solche Trennung für beide Partner sicherlich ein Vorteil und gibt ihnen die Chance, sich in einer neuen Konstellation wohler zu fühlen. Bei sehr vielen der »Trennungen aus Langeweile« ist es jedoch schade, dass ein Paar auseinandergeht. Weil dieser Irrtum des Beziehungsglücks sich vermeiden lässt. Und, wichtig: Weil der, der einmal auf ihn hereinfällt, Gefahr läuft, das auch in der nächsten Partnerschaft wieder zu tun. Denn dass ein Paar lauter *gemeinsame* Themen und Hobbys hat, sodass beide auf ihre Kosten kommen, wenn sie ihre gesamte Freizeit miteinander verbringen und ihr Beziehungsleben gleichzeitig auch noch langfristig spannend und aufregend bleibt, ist toll – aber sehr selten.

♥

Dein Selbst-Check

»In einer guten Beziehung macht man alles zusammen.«

Es gibt viele Paare, die den Anspruch haben, in ihrer Beziehung alles gemeinsam zu machen – weil das ihrer Vorstellung von einer guten Partnerschaft entspricht, nach der sie sich so sehr sehnen! Da es jedoch kaum Paare gibt, die komplett übereinstimmende Interessen, Hobbys und Freundeskreise haben, bedeutet das beinahe zwangsläufig, dass bestimmte Bedürfnisse beider auf der Strecke bleiben. Der Verzicht auf »Zeit für sich« führt daher im Laufe einer Beziehung oft zu dem Gefühl, eingeengt zu sein, etwas zu vermissen, zu verpassen oder schlichtweg sich miteinander zu langweilen. Außerdem kann es passieren, dass selbst den kommunikativsten Pärchen irgendwann der Gesprächsstoff ausgeht. Denn wer nichts mehr getrennt voneinander erlebt, der hat sich oft auch wenig zu sagen.

- Erscheint Dir der Alltag mit Deinem Partner manchmal monoton oder gar langweilig?
  ☐ Ja / ☐ Nein

- Ist Dein Leben als Single üblicherweise aktiver als Dein Leben in einer Paarbeziehung?
  ☐ Ja / ☐ Nein
- Verzichtest Du darauf, Deine Hobbys während einer Partnerschaft weiterzupflegen?
  ☐ Ja / ☐ Nein
- Ist es für Dich schwer vorstellbar, dass Du und Dein Partner in Eurer Freizeit auch einmal getrennte Wege gehen?
  ☐ Ja / ☐ Nein
- Ist es für Dich schwer vorstellbar, dass Du und Dein Partner getrennt in den Urlaub fahren?
  ☐ Ja / ☐ Nein
- Würdest Du es Deinem Partner übel nehmen, wenn er seine Freizeit oft auch ohne Dich verplant?
  ☐ Ja / ☐ Nein
- Fühlst Du Dich »egoistisch«, wenn Du Deinen eigenen Interessen nachgehst, obwohl Dein Partner Zeit für Dich hätte?
  ☐ Ja / ☐ Nein

Irrtum #4

Luftschlösser bauen

»Eine neue Liebe ist wie ein neues Leben!«

Ich habe eine Freundin, die mich alle paar Wochen anruft, um mir von ihrer neuen großen Liebe zu erzählen. Mal heißt diese große Liebe Bastian, mal Finn, mal Thomas, Martin und ein Eberhard waren in den letzten zwei Jahren auch schon dabei. Und so unterschiedlich die Namen der Männer, um die es dabei geht, auch sind: Die Gespräche, die wir über sie führen, sind einander durch die Bank weg ziemlich ähnlich. »Du, das war Liebe auf den ersten Blick«, sagt meine Freundin. »Du weißt ja, ich bin gar nicht spirituell, aber ich glaube, wir sind so was wie Seelenverwandte.« Oder: »Ich spüre einfach, dass er mich versteht, wie mich noch keiner zuvor verstanden hat.«

»Hm. Sag mal, hast du das über Bastian (wahlweise Finn, Thomas, Martin, Eberhard) kürzlich nicht auch schon mal gesagt?«, möchte ich dann zaghaft von ihr wissen. »Ja schon, ich weiß«, räumt sie meist ein, und ich höre regelrecht, wie sie am anderen Ende der Leitung versonnen lächelt, »aber das hier ist wirklich etwas gaaaaanz anderes.«

Jedes Mal wünsche ich meiner Freundin, dass sie diesmal recht behält. Und bin leider trotzdem nicht erstaunt, wenn nur wenige Wochen später mein Handy erneut klingelt und sie bitterlich weint, weil es mit Bastian (bzw. Finn, Thomas, Martin, Eberhard) wieder schiefgegangen ist. »Wir haben doch schon vom Zusammenziehen gesprochen, und dann das!«, schluchzt sie. Oder: »Er hat mir letzte Woche noch gesagt, dass er mich liebt – und dann verlässt er mich? Woran soll ich in Zukunft bloß noch erkennen, ob es einer ernst mit mir meint? Ich glaube, ich kann nie wieder einem Mann vertrauen!« Doch das überlegt sie sich bei der nächsten Bekanntschaft – zum Glück! – doch noch einmal anders.

Auch einer Kundin, die im letzten Winter zu mir in die Beratung kam, ging es nicht viel anders. Mit dem einzigen Unterschied, dass sie den Mann, der sie so unglücklich machte, eigentlich nur zweimal live gesehen hatte: Die beiden lernten sich auf einer Dating-Plattform kennen, und da sie in unterschiedlichen Städten lebten, telefonierten und chatteten sie zunächst einige Tage und Nächte lang. Dann, nach etwa einer

Woche, verbrachten sie zwei Stunden in einem Café am Bahnhof miteinander, weil sich die Gelegenheit dazu auf seiner Durchreise anbot. Meine Kundin war auf Anhieb bis über beide Ohren verliebt, wie sie mir berichtete, und es sei auch »gleich klar« gewesen, dass das »was Ernstes« wird. Anschließend ging der Austausch der beiden per Chat und Telefon weiter – denn sie mussten sehr viel und auch an den Wochenenden arbeiten, weshalb ein richtiger Besuch nicht so leicht zu organisieren war. Erst zehn Wochen später war das zweite Treffen geplant, und beide lebten regelrecht auf diesen Augenblick hin, schmiedeten große Pläne für die gemeinsamen Tage und auch schon die Monate danach: Urlaube, Geburtstag, Kennenlernen der Freundeskreise. Doch kurz nach ihrem Besuch beendete der junge Pilot »die Beziehung«, wie sie es nannte, und erklärte ihr, ihm werde das alles zu eng, und er habe erkennen müssen, dass er aktuell vielleicht doch nicht in der Lage sei, sich ernsthaft zu binden.

»Ich verstehe das einfach nicht«, klagte sie mir ihr Leid. »Wir hatten beide so viel Stress mit unseren Arbeitgebern, um unsere Dienstpläne aufeinander abzustimmen, sodass wir uns nun hätten öfter sehen können. Und dann das.« Sie weinte. »Jetzt war der ganze Ärger, den ich mit meinem Chef deswegen hatte, vollkommen umsonst!« Ein Mann wie der Pilot, berichtete sie mir später, sei ihr noch nie zuvor begegnet. Auch deshalb sei ihr Schmerz vermutlich so riesengroß. Er sei so lieb zu ihr gewesen, so aufmerksam, habe ihr nachts am Telefon manchmal Gutenachtgeschichten vorgelesen, ihr andauernd Komplimente gemacht, ihr gesagt, wie glücklich er sei, in ihr endlich seine Traumfrau gefunden zu haben. Und zusätzlich zu alledem wäre seine Familie auch noch unglaublich toll und nett gewesen. »Ich weiß, ich weiß, die sind mir natürlich noch nicht persönlich begegnet. Aber er hat mir so viel von seinen Eltern erzählt und wie sehr sie sich freuen, dass ich auf der Hochzeit der Schwester im Sommer dann auch dabei bin. Richtig herzliche Leute sind das. Es fühlte sich an wie ein Sechser im Lotto, nachdem ich vorher echt viel Blödes mit Männern erlebt habe. Ich versteh das alles einfach nicht«, wiederholte sie und brach in Tränen aus.

Der Irrtum, um den es mir in diesen beiden Beispielen geht, schleicht sich meist in den Anfang einer neuen Bekanntschaft oder Beziehung ein – wenngleich es ihn auch im späteren Verlauf von Partnerschaften noch gibt. Ich nenne ihn oft »Luftschlösser bauen«, weil jeder sofort versteht, was damit gemeint ist: Die Illusion von der Traumbeziehung, die so schön, so perfekt und so innig sein soll, dass sie Gefahr läuft, irgendwann wie eine Seifenblase an der Realität zu zerplatzen.

Luftschlösser werden meist gebaut, wenn zwei Menschen aufeinanderstoßen, die sich extrem nach einer Beziehung sehnen (zum Beispiel, weil einer oder beide schwer allein sein können oder insgeheim denken, ohne einen Partner nicht wertvoll zu sein) – so sehr, dass sie zusammen einfach mal so tun, als ob sie diese nun endlich gefunden hätten: Nicht selten fallen dann bereits nach wenigen Tagen oder Wochen Sätze wie »Ich liebe dich«, »Du bist mein Ein und Alles«, mein »Seelenverwandter« oder »Du passt perfekt zu mir«. Die gemeinsame Liebe wird in den sozialen Medien intensiv zur Schau gestellt. Binnen kürzester Zeit werden Zukunftspläne geschmiedet, Urlaube, gemeinsame Wohnungen oder sogar Hochzeiten und die passenden Kindernamen geplant. Viele dieser Paare schmeißen im Moment des Kennenlernens außerdem den Großteil ihres bisherigen Lebens über den Haufen, vernachlässigen Freunde, Arbeit und Hobbys, um jede freie Minute miteinander verbringen zu können. Manchmal werden bereits nach dem ersten Date Wohnungsschlüssel ausgetauscht oder der ganzen Familie vom »neuen Freund« beziehungsweise der »neuen Freundin« erzählt.

Was die beiden dabei nur leider übersehen, ist, dass sie sich eigentlich noch gar nicht richtig kennen oder es, wenn sie tief in sich hereinhorchen, vielleicht auch gar nicht so toll zwischen ihnen läuft. Dabei üben sie durch ihr »als ob«-Verhalten einen großen Druck auf sich selbst und ihr Gegenüber aus. Denn je größer die Schere zwischen dem wird, was zwischen zwei Menschen *wirklich ist* (und nach kurzer Zeit überhaupt sein kann), und dem, *was sie sich so sehr wünschen*, umso anfälliger ist ihr Miteinander für Enttäuschungen, die dann zu Konflikten, Unverständnis und häufig zu ganz plötzlichem Rückzug und Trennung führen können. Charakteristisch ist das große Unverständnis, das dann auf beiden Seiten zu finden ist: Gerade wähnte man sich noch im siebten Himmel, und plötzlich ist alles aus? Wie kann das nur sein? Dann gilt es erst einmal zu erkennen, dass bereits dieser Himmel leider nur eine Illusion war.

Das Traurige daran ist, dass aus vielen solcher Konstellationen vermutlich wirklich schöne, glückliche und langfristige Beziehungen hätten werden können. Alles, was es dafür wahrscheinlich gebraucht hätte, wäre etwas mehr Geduld gewesen. Leichter gesagt als getan, wenn man frisch verliebt ist? Ja. Aber: Bedeutet ineinander verliebt sein nicht in erster Linie, sich die Ruhe zu nehmen, den anderen in seiner Einzigartigkeit kennenzulernen? Um dann im zweiten Schritt zu schauen, wie eine gemeinsame Beziehung für beide am besten funktionieren kann – anstatt sich gegenseitig von vornherein für die eigene Vorstellung von Partnerschaft zu vereinnahmen? Meiner Erfahrung nach ist es außerdem so – und bitte versteh mich nicht falsch, ich möchte auf keinen Fall unromantisch klingen! –, dass es in vielen Fällen, in denen Luftschlösser gebaut werden, gar nicht wirklich um die Liebe zu einem bestimmten Menschen geht. Sondern in erster Linie um das Verliebtsein in den Zustand, »in einer Beziehung zu sein«. Wie wäre es anders zu erklären, dass Bastian, Finn, Thomas, Martin und Eberhard so austauschbar sind?

Dein Selbst-Check

»Eine neue Liebe ist wie ein neues Leben!«

Der Gedanke, dass eine neue Liebe wie ein neues Leben ist, ist sehr romantisch und zeugt davon, dass man bereit ist, sich von Kopf bis Fuß auf eine neue Partnerschaft einzulassen. Das ist wundervoll! Dennoch kann dieser Gedanke leider ein Risiko für Dein Beziehungsglück sein. Weil er unter Umständen bedeutet, dass Du vor lauter Euphorie und Sehnsucht nach dieser neuen Liebe und diesem neuen Leben die Realität aus den Augen verlierst: Wie lang und gut kennst Du den Menschen an Deiner Seite wirklich schon? Und wie gut läuft es tatsächlich? Indem Du einfach so tust, als ob alles perfekt wäre, übst Du einen großen Druck auf Dich selbst und auch auf Deinen Partner (in spe) aus. Denn die Messlatte hängt dann sehr hoch, und das kann schnell zu Enttäuschung, Frustration, Überforderung oder in letzter Instanz auch zur Flucht von »Wolke 7« führen.

- Hast Du es mit neuen Bekanntschaften schon erlebt, dass Du erst im siebten Beziehungshimmel warst – von großer Liebe geredet und langfristige Zukunftspläne geschmiedet wurden – und du dann plötzlich abgestürzt bist?
☐ Ja / ☐ Nein

- Erkennst Du in neuen Bekanntschaften immer schnell Deinen Seelenverwandten?
  ☐ Ja / ☐ Nein
- Tendierst Du dazu, Dich in einer Partnerschaft schnell zu verlieren, also Deine eigenen Interessen und Gewohnheiten zugunsten gemeinsamer Zeit komplett zurückzustellen?
  ☐ Ja / ☐ Nein
- Stellst Du Dein Beziehungsglück oft in den sozialen Medien dar (auch, wenn Du insgeheim weißt, dass es hinter den Kulissen manchmal gar nicht so gut aussieht)?
  ☐ Ja / ☐ Nein
- Verdrängst Du Unstimmigkeiten in Deiner Beziehung am liebsten und tust stattdessen so, als wenn alles in bester Ordnung wäre – Dir selbst, Deinem Partner und auch Eurem Umfeld gegenüber?
  ☐ Ja / ☐ Nein

Irrtum #5

Die Liebe-Leistung-Verwechslung

*»Je mehr ich für meinen Partner tue,
umso mehr liebt er mich.«*

»Es ist so unfair, dass sie mich verlässt – ich habe doch immer alles für sie getan!«

»Wie kann er so mit mir umspringen, nachdem ich wieder mal die ganze Hausarbeit allein erledigt habe? Sieht er denn nicht, wie ich mich für uns abmühe?«

»Ich bin echt enttäuscht. Ich reiße mir hier ein Bein aus, um ihr alles recht zu machen. Und dann sagt sie mir nicht mal was Liebes. Langsam reicht's mir.«

»Ich hab halt gedacht: Wenn ich das alles für ihn mache, dann muss er doch merken, was er an mir hat.«

»Ich habe ihr teure Handtaschen gekauft, Schmuck, Parfums, sogar ein Auto. Und jetzt betrügt sie mich? Das ist so undankbar!«

»Ihn zu überraschen und ihm kleine Geschenke zu machen ist für mich irgendwann fast zu einer Sucht geworden. Ich hatte vielleicht Angst, dass er das Interesse an mir verliert, wenn ich damit aufhöre.«

»Habe ich nicht ein Recht auf ihre Liebe? Bei allem, was ich für sie tue?«

»Was will er nur von dieser Tussi? Hat er denn vergessen, was ich alles für uns gemacht mache?«

Ich könnte die Liste der Zitate, die ich zu diesem Thema in meinem Mail-Account gefunden habe, noch seitenlang fortsetzen. Aber Du hast natürlich längst erkannt, worauf ich hinauswill: Darauf, dass es viele Menschen gibt, für die »Liebe« und »Leistung« in einem engen Zusammenhang miteinander stehen. Sie glauben, dass Liebe eine Konsequenz von Leistung ist – also von Dingen, die man für den Partner tut. Und diese Leistung eine Voraussetzung für Liebe. Was dazu führen kann, dass diese Personen sich für ihr Gegenüber »aufopfern«, »abstrampeln«, »verausgaben«, immer »perfekt sein« wollen oder andauernd »geben, geben, geben«. Und verständlicherweise enttäuscht und frustriert sind, wenn ihr Partner auf diese Bemühungen nicht mit entsprechend viel Zuneigung und Liebe, sondern möglicherweise sogar eher mit Rückzug, Desinteresse oder Gereiztheit reagiert.

Auch die junge Journalistin Frieda (32) und ihr Freund Schorsch (35), ein Arzt, waren so ein Paar. Frieda wandte sich kurz nach dem Jahreswechsel 2015/2016 an mich, drei Wochen, nachdem sie sich von Schorsch getrennt hatte. »Weißt du, diese Trennung macht mich wahnsinnig traurig, auch wenn sie ja von mir selbst ausgegangen ist«, erzählte sie mir. »Als ich Schorsch vor zwei Jahren kennengelernt habe, da war er ein richtig lässiger Typ. Der stand mit beiden Beinen im Leben und war so anders als andere Männer. Irgendwie weich und gleichzeitig unglaublich männlich. Wir konnten stundenlang reden, der Sex war super. Und dadurch, dass er damals noch 300 Kilometer entfernt wohnte, hatten wir erst mal eine Wochenendbeziehung und sind alles langsam angegangen, das fand ich klasse. Ein Jahr später ist Schorsch dann zu mir nach Potsdam gezogen. Und eigentlich, so schlimm das klingt, ging es ab da bergab, glaube ich. Ich habe meinen Freund nicht mehr wiedererkannt! Die ganze Entspanntheit war weg, denn plötzlich war Schorsch den ganzen Tag nur noch damit beschäftigt, für mich alles perfekt zu machen: Er hat neben seinem anstrengenden Job den Haushalt geschmissen, mir jeden Wunsch von den Augen abgelesen und dauernd nach Möglichkeiten gesucht, mich zu überraschen, mir eine Freude zu machen oder irgendein Problem für mich zu lösen. Viele Frauen würden finden, dass das der Himmel auf Erden ist, ich weiß. Aber das war es für mich nicht. Ich kam mir total bedrängt vor. Nichts konnte ich mehr selbst machen, und dauernd hatte ich das Gefühl, in seiner Schuld zu stehen. Am Ende fehlte mir regelrecht die Luft zum Atmen! Ich war immer öfter genervt und innerlich manchmal sogar richtig aggressiv, weil er sich für mich so aufgibt. Natürlich hab ich in Schorschs Augen dann gesehen, wie enttäuscht er war, und habe mich zusammengerissen. Aber ich glaube, er hat das trotzdem gespürt, und das hat alles nur noch schlimmer gemacht, weil er sich dann immer mehr ins Zeug gelegt hat.« Sie begann zu weinen. »Mal ehrlich, bin ich eine schlechte Freundin? Oder beziehungsgestört? Was ist denn nur mit mir los? Mein einziger echter Wunsch wäre gewesen, den alten Schorsch zurückzuhaben. Weil ich auch den Eindruck habe, dass es bei all diesen Aktionen gar nicht wirklich um mich geht, das ist so eine Art Selbstläufer geworden. Oje. Ergibt das irgendeinen Sinn?«

Wie sich im weiteren Verlauf unseres Gesprächs herausstellte, hatte Frieda mit Schorsch nie wirklich über ihr Problem mit seinem Tatendrang gesprochen. Teils aus Sorge, ihn zu verletzen, teils weil sie sich undankbar fühlte. Als Trennungsgrund hatte Frieda stattdessen angegeben, vielleicht doch nicht reif für eine feste Beziehung zu sein. Da Frieda auf meine Rückfragen jedoch ganz klar bestätigte, dass sie eigentlich noch immer mit Schorsch zusammen sein wollte, nur eben nicht so, riet ich ihr zu einem offenen Gespräch. »Vermutlich macht Schorsch das alles nämlich nicht, weil es ihm so viel Spaß macht, sich ständig ein Bein auszureißen. Sondern aus Unsicherheit. Es kann sein, dass er denkt, du könntest ihn nur lieben, wenn er etwas für dich leistet«, erklärte ich ihr. »Insgeheim fühlt er sich vielleicht sogar abhängig von dir. So wie du es beschreibst, hat er in Potsdam ja sonst niemanden. Was denkst du, vielleicht würde es ihm den Druck nehmen, wenn du ihm einmal klar sagst, dass er für dich gar nichts zu leisten braucht und dir das sogar am allerliebsten ist.« Frieda schien erleichtert – so hatte sie das Ganze scheinbar noch nie betrachtet. Bereits zwölf Tage später rief sie mich wieder an: Sie und Schorsch hatten beschlossen, es nun doch noch einmal miteinander zu versuchen. »Es tat wahnsinnig gut, alles auszusprechen«, berichtete sie mir, »ich fühle mich Schorsch endlich wieder nah. Am Anfang war er schon beleidigt. Aber dann hat er gesagt, dass ich recht habe. Wir haben beide geweint, aber nur ganz kurz. Jetzt wollen wir mal schauen, wie es sich entwickelt.«

Der Fall von Frieda und Schorsch ist erst mal gut ausgegangen und ein ganz tolles Beispiel dafür, wie zwei Menschen aneinander wachsen können. In vielen anderen Beispielen geht die Liebe-Leistung-Verwechslung jedoch leider nicht so glimpflich aus: Auf Seiten des »Verwechselnden« führt sie zu Enttäuschung und Frustration, wenn seine Bemühungen nicht genug wertgeschätzt und mit Liebe belohnt werden. Und auf Seiten seines Partners entsteht nicht selten das Gefühl, dass das dauernde Bemühen »irgendwie zu viel« ist, übermäßigen Druck zur Gegenleistung aufbaut, für ein schlechtes Gewissen sorgt, die Luft zum Atmen und schließlich sogar den Reiz nimmt – weil es die Attraktivität und den Respekt vorm Partner senkt, wenn man immer alles von ihm haben kann. Eine Trennung ist dann häufig unausweichlich.

Einen, wie ich finde, unglaublich klugen Ratschlag zum Thema Liebe-Leistung-Verwechslung, den ich hier noch unbedingt kurz mit Dir teilen möchte, habe ich einmal von einem der besten Freunde meines Partners gehört: Die »Um zu und weil-Regel«. Bei allem, was man tut, erklärte Hubertus mir, sollte man sich doch einfach mal fragen, ob man es nur mache, »*um* dafür etwas zurückzubekommen«, oder »*weil* man selbst« es wirklich so wolle oder Lust darauf habe. Probier es mal aus – es ist eine ganz einfache Eselsbrücke mit großer Wirkung!

Dein Selbst-Check

*»Je mehr ich für meinen Partner tue,
umso mehr liebt er mich.«*

Wenn Du diesem Irrtum des Beziehungsglücks erlegen bist, dann glaubst Du daran, dass man sich die Liebe seines Partners verdienen kann – oder sogar muss. Du bist bereit, für Deine große Liebe beinahe alles zu geben. Und so wundervoll das theoretisch auch ist, leider hat es drei große Haken: Dieses Denkmuster erzeugt für Dich jede Menge Stress, immer mehr leisten zu müssen, und das führt nicht gerade dazu, dass Du ein guter Partner bist. Zumal es Dich vermutlich enttäuscht oder wütend macht, wenn Du nicht das zurückbekommst, was Du Dir erhofft hattest. Zweitens fühlt Dein Partner sich von Deinem Tatendrang irgendwann vielleicht unter Druck gesetzt, eingeengt oder verliert seinen Respekt vor Dir, weil er immer alles von Dir haben kann. Und zu guter Letzt: Liebe ist nichts, wozu man jemanden mit vielen guten Argumenten überreden kann, sie ist ein Geschenk. Ein Geschenk, das Du erhältst, einfach, weil Du so bist, wie Du bist! Und bekommst Du es allein dafür von Deinem Partner nicht, dann ist er nicht der Richtige auf der Suche nach dem Beziehungsglück!

- Hast Du in Partnerschaften oft das Gefühl, an Deine Belastungsgrenze oder darüber hinaus zu kommen, investierst

Du überdurchschnittlich viel Zeit, Aufmerksamkeit, Geld oder Engagement?
☐ Ja / ☐ Nein
- Bist Du oft enttäuscht, weil Du von Deinem Partner nicht so viel zurückbekommst, wie Du gibst?
☐ Ja / ☐ Nein
- Bist Du manchmal wütend, dass Deine Bemühungen nicht mit Liebe belohnt werden?
☐ Ja / ☐ Nein
- Hast oder hattest Du schon einmal einen Partner, von dem Du sagen würdest, dass er Dich emotional schlecht behandelt hat, indem er Dich ausgenutzt, herabgesetzt oder sich nicht zu Dir bekannt hat?
☐ Ja / ☐ Nein
- Fällt es Dir leichter, Dich um andere zu kümmern als um Dich selbst?
☐ Ja / ☐ Nein

Irrtum #6

Der Chamäleon-Effekt

»Gleich und Gleich gesellt sich gern.«

Eine Therapie und auch ein Coaching oder eine Beratung sind nur dann wirkungsvoll, wenn der Patient beziehungsweise Klient auch wirklich möchte, dass ihm jemand bei der Lösung seines Problems hilft. Wenn jemand kein Interesse an professioneller Hilfe hat oder möglicherweise überhaupt keinen Handlungsbedarf sieht, dann wird auch der beste Therapeut oder Coach in der Zusammenarbeit mit ihm nur wenig bis gar nichts erreichen. Das ist zum Beispiel der Grund, warum Paartherapie nur dann funktioniert, wenn beide sie wollen, oder auch, warum man niemanden dazu überreden sollte, sich »endlich mal behandeln zu lassen«. Aus derselben Überzeugung heraus bieten wir bei den Liebeskümmerern auch keine Möglichkeit an, Gespräche mit uns zu verschenken. Natürlich kommt es dennoch ab und zu vor, dass mich eine verzweifelte Mutter anruft und fragt, ob sie ihre Tochter zu uns schicken kann, und ich antworte dann immer, dass wir natürlich jederzeit für die junge Frau da sind – sie sich aber selbst bei uns melden müsste.

Das folgende Beispiel, von dem ich Dir nun im Zusammenhang mit dem »Chamäleon-Effekt« erzählen möchte, ist also eine echte Ausnahme. Und bisher auch nur einmal so vorgekommen. Im April 2015 buchte eine junge Frau namens Clara eine einstündige Beratung mit mir – doch wie sich herausstellte, als sie mir schließlich gegenübersaß, war Clara gar nicht, wie von mir angenommen, wegen ihres eigenen Liebeskummers bei mir, ihr ging es gut. Sie kam, um mit mir über ihre Freundin Anna zu sprechen. »Ich weiß einfach nicht mehr, wie ich ihr helfen soll«, erklärte Clara mir, »und da habe ich gedacht, ich frage mal einen Profi.« Ich war ganz schön gerührt von diesem Freundschaftsdienst, sagte Clara aber natürlich auch, dass ich ihr auf diese Weise nur bedingt helfen und bestenfalls sehr allgemeine Ratschläge geben könne. Zumal ich mir sicher war, dass sie das Wichtigste, was man als Freundin für eine Betroffene tun kann, ohnehin schon tat: da zu sein und zuzuhören. Clara verstand das, bat mich aber dennoch, schildern zu dürfen, was mit Anna los sei.

»Es ist so«, begann sie dann, »dass Anna und ich schon sehr lange Freundinnen sind. Ich habe an Annas Seite also schon so manchen Mann kommen und gehen sehen und sie in dieser Zeit leider auch durch wirklich viele schmerzhafte Phasen begleitet. Annas Beziehungen halten nämlich nie länger als anderthalb Jahre, dann verlassen die Männer sie. Ihr aktueller Freund hat sich letzte Woche von ihr getrennt, und jetzt ist sie wieder total am Boden. Und ich hoffe, das klingt jetzt nicht überheblich, aber ich hab das schon wieder kommen sehen mit der Trennung.« Clara legte die Stirn kraus, und ich merkte, dass sie Sorge hatte, dass ich sie für vermessen halten könnte. »Was meinst du damit, woran hast du es gemerkt?« hakte ich nach. »Na ja, ich habe das Gefühl, es ist immer irgendwie das gleiche Schema. Anna lernt einen Mann kennen. Er findet sie toll, weil sie auf den ersten Blick so frech und selbstständig wirkt. Aber je länger sie dann mit ihm zusammen ist, umso mehr passt sie sich ihm an. Und dann wird sie dem Typen langweilig, und er trennt sich.« Sie schaute an die Decke, dachte nach und sah dann wieder zu mir. »Am besten, ich erzähle dir mal ein konkretes Beispiel: Vor sechs Jahren war Anna mit Lars zusammen. Lars liebte Hunde und Autos und Sport. Anna schaffte also gemeinsam mit ihm einen Hund an, interessierte sich für Autos und begann zu joggen. Als Lars sich trennte, lernte Anna kurze Zeit später Stefanos kennen. Stefanos fand Hunde blöd, und Männer, die Autos und Sport gut finden, waren in seinen Augen Proleten. Da dauerte es nicht lang, bis auch Anna, die an Lars' Seite ja noch die perfekte Hundemami gewesen war, genervt die Augen rollte, wenn der Golden Retriever ihrer Nachbarn uns auf dem Hausflur entgegenkam. Sie hörte mit dem Laufen auf und ging mit Stefanos zu Lesungen und ins Theater. Aber ehrlich, dafür hatte sie sich vorher nie besonders interessiert! Stefanos war Grieche und träumte von einer großen Familie mit vielen Kindern. Also sagte auch Anna mir in dieser Zeit ganz oft, dass sie mindestens dreimal schwanger werden wollte. Bis Stefanos sie dann verließ und sie mit ihrem jetzigen Ex-Freund Dennis zusammenkam. Dennis ist der absolute Familien-Phobiker, der hat mit Babys nichts am Hut. Und kaum, dass die beiden drei Monate zusammen waren, sagte Anna mir, dass sie Kinder total anstrengend fände und lieber nie Mutter werden wolle. Das mit den Lesungen und dem Theater hörte dann auch wieder auf, weil Dennis eher so der Konzertgänger ist. Plötzlich war Anna also jedes Wochenende bei irgendwelchen Britpop-Bands.« Clara atmete tief aus. »Weißt du, manchmal kommt sie mir vor wie ein Chamäleon. Sie passt sich den Männern, mit denen sie zusammen ist, an. Das merkt man dann oft sogar an ihrer Sprache oder an bestimmten Gesten. Und obwohl zumindest zwei von den Jungs bei der Trennung auch ganz klar gesagt haben, dass das einer der Gründe ist, warum sie sie verlassen – weil von ihr so wenig Eigenes kommt und das langweilig wird – schafft sie es nicht, daran etwas zu ändern. Aber ich glaube, das muss sie. Und zwar nicht nur, damit es endlich mal mit der Liebe klappt. Sondern vor allem, weil ich ja merke, dass sie so nicht glücklich ist. Manchmal habe ich das Gefühl, dass Anna überhaupt nicht weiß, wer sie selbst ist und was ihr Spaß macht. Und ich hab sie so lieb. Aber ich weiß eben auch überhaupt nicht, was ich da tun kann, um sie zu unterstützen.«

Clara war aufrichtig verzweifelt, das merkte ich ihr an. Sie tat mir sehr leid. Und gleichzeitig war es für mich wirklich spannend, so einen Fall wie den von Anna mal aus der Perspektive einer Freundin zu hören. Denn kaum ein Kunde würde sich vor mich setzen und sich mit einer solchen Klarheit eingestehen, dass er in Partnerschaften dazu neigt, zum Chamäleon zu werden. Meist braucht es einige Gespräche, bis wir ganz behutsam zu solchen Erkenntnissen vordringen.

Den »Chamäleon«-Effekt beobachte ich bei beiden Geschlechtern gleichermaßen. Und es ist wichtig, ihn davon zu unterscheiden, dass es natürlich vollkommen normal ist, dass Paare sich im Verlauf ihrer Beziehung aufeinander zubewegen, sich gegenseitig inspirieren und an den Themen und Interessen des anderen teilhaben. Die Betonung liegt hierbei nämlich auf dem »gegenseitig«.

Beim Chamäleon-Effekt hingegen geht es darum, dass ein Mensch sich in punkto Interessen, Überzeugungen, Prioritäten, Sprache und mitunter regelrecht mit seiner ganzen Identität an den jeweiligen Partner anpasst. Dahinter stecken meist zwei wesentliche Ursachen: Zum einen fehlt es Menschen wie Anna oft an eigenen Interessen und Überzeugungen, weshalb sie diese nur allzu gern von ihrem Partner übernehmen. Zum anderen glauben sie, durch die Anpassung an dessen Lebensstil eine besonders innige, harmonische und glückliche Beziehung führen zu können. Denn Gleich und Gleich gesellt sich nun mal gern. Oder?

Die Person, die jemand zu Beginn der Beziehung kennengelernt hat, gibt es in solchen Konstellationen bereits nach kurzer Zeit nicht mehr. Stattdessen hat man nun einen »Schatten seiner selbst« an der Seite. Natürlich muss das nicht, wie in Annas Fall, immer zum Scheitern einer Beziehung führen. Es gibt Verbindungen, in denen ein Partner »sein Chamäleon« durchaus als angenehm unkompliziert empfindet, weil er einfach gern den Ton angibt. Man kann dann also durchaus von einer funktionierenden und vielleicht sogar glücklichen Beziehung sprechen – sofern man außer Acht lässt, wie viel glücklicher ein Chamäleon-Mensch möglicherweise sein könnte, wenn er seine eigenen Interessen, persönliche Hobbys und Leidenschaften entdecken würde, anstatt sie nur von seinem Partner zu borgen.

Häufig jedoch passiert genau das, was Anna erlebt hat: Dem anderen wird es mit dem Chamäleon irgendwann langweilig, weil er damit gerechnet hatte, dass sein Partner auch neue Impulse mit in die gemeinsame Beziehung bringt. Eigene Interessen, Meinungen und Themen sind zudem das, was eine Person in den Augen anderer ja gerade erst spannend, individuell und attraktiv macht. Wenn jemand zu Beginn einer Partnerschaft also den Eindruck erweckt, all das durchaus zu besitzen, sich dann aber nach und nach anpasst, dann ist die Person, mit der man die Beziehung ursprünglich einging, womöglich eine ganz andere als die, mit der man nachher zusammen ist. Und: Ein Partner, der auf diese Weise im Grunde unfreiwillig die ganze Freizeitplanung vorgibt, kann sich durch diese Verantwortung schnell gestresst fühlen. »Ich hab einfach keine Lust mehr, immer der zu sein, der ständig sagt, was, wann, wie, wo«, sagte der Ex-Partner einer meiner Kundinnen zu ihr, kurz bevor er sich trennte. »Mach du doch endlich auch mal was!«

»Du schätzt das vermutlich ganz richtig ein, Clara: Es könnte sein, dass Anna gar nicht spürt, was ihr selbst Spaß macht«, erklärte ich Clara am Ende unseres Gesprächs. »Und es ist zu befürchten, dass die Ursachen dafür ziemlich tief sitzen und schon mit ihrer Kindheit zusammenhängen. Sich einfach nicht mehr an ihre Partner anzupassen dürfte für Clara deshalb extrem schwer bis unmöglich sein. Aber wenn sie einen Weg findet, mehr Selbstvertrauen zu entwickeln und ihre eigenen Bedürfnisse neu zu entdecken, dann kommt das ganz automatisch.« Clara lächelte. »Verstehe, und wie kann Anna das am besten machen? Wie kann ich sie unterstützen?« Ich riet Clara, mit ihrer Freundin offen über ihre Gedanken zu sprechen, wie sie es bei mir getan hatte. Je nachdem, wie Anna reagierte, könnte sie dann die Möglichkeit professioneller Beratung in den Raum stellen, ganz ohne Anna jedoch zu drängen. »Und dann«, ergänzte ich, »gib ihr Zeit. Ob sie diesen Weg gehen möchte oder nicht, das kann am Ende wirklich nur sie selbst entscheiden.« Toll, wenn man so liebe und fürsorgliche Freundinnen hat.

♥

Dein Selbst-Check

»Gleich und Gleich gesellt sich gern.«

Das alte Sprichwort »Gleich und Gleich gesellt sich gern« kennt jeder von uns. Deshalb kämen wir wohl auch kaum auf die Idee, dass wir damit unserem Beziehungsglück schaden könnten. Leider. Denn wer in seiner Partnerschaft zum Chamäleon wird, nimmt sich die Chance herauszufinden, was ihm wirklich Spaß macht und wer er ist. In vielen Fällen bewirkt das Chamäleon außerdem, dass sein Gegenüber irgendwann Ecken und Kanten, Eigeninitiative und Spannung vermisst – und die Person, in die er sich einmal verliebt hat. Das kann zu Frustration, Langeweile und in letzter Konsequenz zu einer Trennung führen.

- Bemerkst Du, dass Du Deine Hobbys, Interessen, Ansichten, Kleidungsstil und eventuell auch Sprache an Deinen jeweiligen Partner stark anpasst?
  ☐ Ja / ☐ Nein
- Sind wenige Deiner Hobbys, Interessen und Ansichten über verschiedene Partnerschaften oder Singlephasen hinweg stabil geblieben?
  ☐ Ja / ☐ Nein
- Fällt es Dir in Phasen, in denen Du allein bist, schwer, etwas mit Dir selbst anzufangen?
  ☐ Ja / ☐ Nein
- Fühlt sich Dein Leben ohne Partner manchmal leer, sinnlos oder mühsam an?
  ☐ Ja / ☐ Nein

- Bewunderst Du andere Leute insgeheim dafür, dass sie für bestimmte Themen so sehr »brennen«, und hast den Eindruck, dass Dir so etwas komplett fehlt?
  ☐ Ja / ☐ Nein

Übrigens: Aus der Paarforschung weiß man heute längst, dass das alte Sprichwort von »Gleich und Gleich« sich in erster Linie auf ein gemeinsames Wertesystem zwischen zwei Menschen beziehen sollte: Wer ähnliche Werte besitzt, kommt am besten miteinander aus. Hobbys, Interessen oder Gewohnheiten sind dann tatsächlich eher zweitrangig.

Irrtum #7

Die Suche nach dem Heiligen Beziehungsgral

»Mein Partner muss perfekt zu mir passen.«

Du erinnerst Dich sicher, dass ich vorhin über Menschen und Paare geschrieben habe, die Luftschlösser bauen – und wie riskant das für den Kennenlernprozess und eine junge Beziehung sein kann. Nun soll es um Frauen und Männer gehen, die zumindest scheinbar genau das Gegenteil tun: Diejenigen nämlich, die einzig und allein ihr »Perfect Match« suchen, den einen Partner also, mit dem von A wie Anziehung bis Z wie Zukunftspläne wirklich alles zu hundert Prozent passt. Und, Du ahnst es schon, weil der gar nicht (so leicht) zu finden ist, bleiben sie auf der Suche nach dem perfekten Beziehungsglück leider oft allein oder stempeln ein Date nach dem anderen als »kommt nicht infrage« ab.

Tilo, einen 29-jähriger Restaurantbesitzer aus München, lernte ich im Skype-Coaching kennen. Richtigen Liebeskummer habe er eigentlich keinen, schrieb er mir vorab per E-Mail. Sondern es gehe eher darum, dass er sich zwischen zwei Frauen nicht entscheiden könne und nun überhaupt nicht wisse, was zu tun sei. Vielleicht, so hoffte er, könnte ich ihm ja dabei helfen, endlich klarer zu sehen.

»Ich bin seit vier Jahren Single«, erzählte Tilo mir zu Beginn unseres Gesprächs. »Davor war ich anderthalb Jahre lang mit meiner ersten richtigen Freundin zusammen, Luise. Bei Luise und mir, das war damals schon so die Liebe auf den ersten Blick, also optisch. Da hab ich mich dann irgendwie Hals über Kopf reingestürzt, aber am Ende haben wir gemerkt, dass es menschlich eigentlich doch nicht so gut passt, von unseren Lebensvorstellungen, Interessen und so. Hm. Na ja, das würde mir heute auch nicht mehr passieren.« Tilo machte eine kurze Pause, ehe er fortfuhr: »Seit damals habe ich ziemlich viele Frauen kennengelernt, das bringt mein Job im Restaurant auch irgendwie so mit sich. Mit einigen habe ich mich zwei-, dreimal getroffen, aber mir fehlte immer das gewisse Etwas. Keine hat mich so richtig umgehauen. Und jetzt ist was richtig Blödes passiert: Mir sind gleich zwei Frauen begegnet, die beide irgendwie vielversprechend sind, und nun eiere ich seit Wochen rum, weil ich mich nicht zwischen den beiden entscheiden kann. Ich bin halt eigentlich überhaupt nicht der Typ, der so was parallel laufen lässt. So kann es auf keinen Fall weitergehen, das macht mich fertig.« Tilo litt ernsthaft unter seiner Situation, das konnte ich an seiner ganzen Mimik und Gestik sehen – er schien kurz davor zu sein, sich die Haare zu raufen.

Ich bat ihn also, mir zu beiden Frauen einmal ein bisschen was zu erzählen. »O. k., also, da ist zum einen Emilia. Mit ihr kann ich lachen, wir haben tollen Sex, reden stundenlang. Ich fühle mich einfach wohl in ihrer Nähe, und wenn sie gerade erst weg ist, vermisse ich sie oft schon wieder. Aber kürzlich war ich das erste Mal bei ihr zu Hause, und da hat mich ihre Küche ehrlich gesagt total geschockt. Leerer Kühlschrank, keine Töpfe, das sah alles total unbenutzt aus. Essen ist ihr per se wohl nicht so wichtig. Und ich, weißt Du, ich bin halt schon ein Genussmensch. Und ich kann mir irgendwie gar nicht vorstellen, mit jemandem zusammen zu sein, der das nicht mit mir teilt. Dann kommt da ja immer was zu kurz.« Er stieß einen tiefen Atemzug aus. »Also dann zu Fee. Die ist da ganz anders. Aber. na ja, wie soll ich sagen«, er lachte, »das sieht man ihrer Figur schon auch ein bisschen an. Aber damit könnte ich leben. Bei Fee fühle ich mich superwohl, das ist so die Frau zum Pferdestehlen. Die ist einfach so durchgeknallt, und jedes Date ist irgendwie was ganz Besonderes, langweilig wird´s mit ihr nie, so viel steht fest. Aaaaber«, er holte tief Luft, »sie reist für ihren Job um die ganze Welt und ist bestimmt hundert Tage im Jahr gar nicht in München. Und da weiß ich ehrlich gesagt nicht, ob mir das dann reicht. Das könnte problematisch werden. Weil ich selbst ja nicht so oft hier weg kann.« Er sei vor lauter Unentschlossenheit schon drauf und dran gewesen, es mit beiden Frauen einfach sein zu lassen, gestand Tilo mir. »Scheinbar passt ja beides nicht perfekt, obwohl ich wirklich irgendwie in beide Frauen verknallt bin, und dann macht es vielleicht eh keinen Sinn. Oder was denkst Du?«

Tilos Situation ist ein gutes Beispiel für eine Person, die davon überzeugt ist, dass ein Partner perfekt passen muss – und dass eine Beziehung andernfalls ohnehin nicht funktionieren, geschweige denn glücklich sein kann. In anderen Fällen sieht diese »Suche nach dem Heiligen Beziehungsgral« so aus, dass jemand ein Date nach dem anderen eingeht, aber immer wieder irgendetwas auszusetzen hat. Oder eine Beziehung kommt zwar zustande – beim ersten Auftreten von Charaktereigenschaften, Gewohnheiten oder Lebensplänen des anderen, die nicht in die eigene Vorstellung vom perfekten Partner passen, wird sie aber sofort wieder beendet. All das spielt sich vor dem Hintergrund der scheinbar unendlichen Möglichkeiten ab, die wir heute durch Dating-Seiten im Internet haben: Die Hoffnung auf das nächste »Perfect Match« ist oft nur einen Mausklick weit entfernt. Menschen, die auf der Suche nach dem Heiligen Beziehungsgral sind, sind mit ihrer Situation nicht selten fürchterlich unzufrieden, sehen aber dennoch keinen Ausweg. Sie zweifeln an den anderen, an sich selbst oder nennen sich schlicht »beziehungsunfähig«. Und währenddessen vergeht viel Zeit, die sie doch eigentlich gern mit einem Partner verbracht hätten.

»Wovor hast du denn Angst, wenn du dich einfach für eine von den beiden Frauen entscheiden würdest?«, fragte ich Tilo. Er überlegte kurz. »Na ja, irgendwie, dass das dann die Falsche wäre. Dass ich nicht das Richtige tue. Und nicht richtig glücklich werde. Und dass das mit der anderen vielleicht besser geklappt hätte.«

»Das bedeutet, wie glücklich du bist, hängt vor allem davon ab, dass deine Partnerin absolut perfekt zu dir passt?«, hakte ich nach und setzte noch einen drauf: »Findest du, dass die Frau an deiner Seite die Verantwortung dafür trägt, dass du glücklich bist, Tilo? Hast du Angst, dich selbst zu verlieren?« Erstaunt sah er mich an. »Also, ich glaube schon an die große Liebe. Und dass alles gut ist, wenn man erst mal die Eine gefunden hat«, sagte er dann.

Tilo und ich sprachen noch vier weitere Male miteinander. Und nach und nach fiel ihm auf, dass es neben der Überlegung, welche der beiden Frauen seinem Idealbild von der perfekten Partnerin am nächsten kam, durchaus noch einige andere Aspekte gab, die für seine Entscheidung wichtig sein könnten: Zum Beispiel, wie sehr er in Gegenwart einer Frau er selbst sein konnte oder wie viel Verständnis für die Interessen und Bedürfnisse des anderen man sich gegenseitig zugestand. Außerdem, wie offen er mit ihr reden konnte – auch, wenn es mal schwierig wurde. Er begann, über die vermeintlichen »Makel« beider Frauen hinwegzusehen und stattdessen zu erkennen, dass es gar nicht ihre Aufgabe war, perfekt zu ihm zu passen. Und plötzlich schien alles ganz einfach: Er entschied sich für Emilia.

»Sie ist zwar immer noch keine Köchin geworden, und das Schlemmen ist auch nicht so ihrs«, schrieb Tilo mir einige Monate später, »aber sie liebt es, mir Gesellschaft zu leisten, wenn ich mir was Leckeres gemacht habe. Und wenn sie mal keine Zeit oder Lust hat, mein Gott, dann lad ich halt ein paar Freunde ein. Hab ich ja früher auch so gemacht. Es geht mir richtig gut!«

♥

Dein Selbst-Check

»Mein Partner muss perfekt zu mir passen.«

Es ist nachvollziehbar, dass du dir einen Partner wünschst, der von vornherein perfekt zu Dir passt, damit Du in einer Beziehung mit ihm glücklich sein kannst. Dennoch blockiert dieser Wunsch den Weg zu Deinem Beziehungsglück. Erstens, weil das bedeutet, dass Du vielen Menschen gar keine Chance gibst, Dich näher kennenzulernen. Und zweitens lässt du außer Acht, dass eine Partnerschaft immer ein Entwicklungsprozess ist – in dem Du selbst einen gehörigen Anteil der Verantwortung dafür trägst, wie zufrieden und wohl Du Dich in ihr fühlst. Jemanden zu lieben und ihm nahe zu sein bedeutet gerade, ihn in seiner Andersartigkeit wertzuschätzen und zu akzeptieren.

- Hast Du den Kennenlernprozess oftmals an irgendeinem Punkt abgebrochen, weil etwas an Deinem potenziellen Partner für Dich nicht passte – obwohl Du Dich emotional und körperlich eigentlich einmal zu dieser Person hingezogen gefühlt hast?
  ☐ Ja / ☐ Nein
- Sind Deine bisherigen Beziehungen alle kurz gewesen (unter einem Jahr)?
  ☐ Ja / ☐ Nein
- Würdest Du Dich auf ein Date mit jemandem einlassen, der auf den ersten Blick Deinen Vorstellungen vom Traumpartner gar nicht entspricht?
  ☐ Ja / ☐ Nein
- Fällt es Dir oft schwer, Dich richtig auf einen Partner einzulassen / Dich für jemanden zu entscheiden, weil Du insgeheim denkst, dass vielleicht noch etwas »Besseres« kommt?
  ☐ Ja / ☐ Nein
- Bist oder warst Du während einer Beziehung in einer Partnerbörse angemeldet und dort auch aktiv?
  ☐ Ja / ☐ Nein

Irrtum #8

Zweisam einsam

»Wenn ich einen Partner habe, fühle ich mich nicht mehr einsam, dann bin ich glücklich.«

Das Thema, um das es nun gehen soll, liegt mir besonders am Herzen. Das hat drei Gründe: Erstens weiß ich aus der Beratungspraxis, dass es viel verbreiteter ist, als man zunächst vielleicht vermuten würde – denn die wenigsten Menschen reden darüber. Zweitens geht es mit extrem viel Schmerz und Leid einher, und sich daraus zu befreien ist sehr schwierig. Drittens sind die Frauen und Männer, die in dieser Situation stecken, meist besonders weit davon entfernt, ein glückliches Leben und eine glückliche Beziehung zu führen.

Marie saß an einem Montagnachmittag vor mir auf dem Sofa in meiner Praxis. Sie war angespannt: Ihr rechter Fuß wippte, und die Hände hatte sie unter ihren Oberschenkeln vergraben, wodurch ihre Schultern und ihr ganzer Brustkorb sich nach vorn neigten. Marie wirkte durch diese Haltung, als sei sie auf dem Sprung – dabei hatte unser Gespräch gerade erst begonnen.
»Ist alles o. k., Marie, fühlst du dich wohl?«, fragte ich also zunächst. Sie sah mich an, wirkte seltsam ängstlich und biss sich auf die Unterlippe, ehe sie zu sprechen begann. »Ich bin mir gerade nicht mehr sicher, ob es wirklich eine gute Idee war herzukommen«, sagte sie dann. »Wie meinst du das?«, fragte ich. »Na ja, ich habe Angst, dass du mir am Ende vielleicht rätst, mich von Basti, so heißt mein Freund, zu trennen. Das will ich nämlich auf gar keinen Fall!« Der letzte Satz schoss beinahe aus ihr heraus. »Ich muss nur wissen, wie ich besser

mit ihm umgehen kann«, ergänzte sie dann ruhiger, »das ist wirklich alles, was ich möchte.«

»Ich würde dir niemals raten, dich von deinem Freund zu trennen, Marie«, versicherte ich ihr. »Alles, was ich tun kann, ist, dich dabei zu unterstützen, selbst eine Entscheidung für dich zu treffen.« Das schien sie ein wenig zu beruhigen – zumindest ihr Fuß hörte vorerst auf zu wippen. So begann Marie, mir ihre Situation zu schildern.

Sie und Basti waren seit sechs Jahren ein Paar. Marie war 32, Basti 43 Jahre alt. Zweimal, so erzählte sie mir, hätten die beiden in den sechs Jahren schon mehrmonatige Beziehungspausen gehabt, dann aber jedes Mal wieder gemerkt, dass sie doch »zueinander gehörten«. Aktuell sei es zwischen ihnen jedoch wieder besonders schwierig, und ihre beiden besten Freundinnen machten Marie Druck, Basti jetzt endlich wirklich zu verlassen. Manchmal, so gestand sie mir, traue sie sich schon kaum noch, jemandem von den ganzen Konflikten mit ihrem Freund zu erzählen – aus lauter Sorge, sich dann wieder dafür rechtfertigen zu müssen, dass sie nicht längst gegangen sei.

»Worum geht es denn, wenn ihr streitet?«, wollte ich wissen. Sie zögerte, und es war offensichtlich, wie schwer es ihr fiel, darüber zu reden. »Also, Basti behandelt mich oft nicht so gut, glaube ich. Aber die Sache ist, er meint das eigentlich nicht böse. Das ist halt so seine Art. Wenn er Stress im Job hat, dann liegen seine Nerven blank. Dann kriegen wir wegen jeder Kleinigkeit Streit, und er schreit mich an. Außerdem weiß ich, dass er mich anlügt. Er trifft sich mit anderen Frauen. Wobei ich mir wirklich sicher bin, dass da nie etwas läuft. Er braucht das halt nur irgendwie für sein Ego.« Sie stockte, und es fiel ihr sichtlich schwer, all das über die Lippen zu bringen. »Er hat auch eine ziemlich spezielle Art, mit mir zu reden. Letzte Woche hat er mich vor unseren Freunden *dumm wie Brot* genannt. Das war mir unangenehm.« Marie rutschte auf dem Sofa hin und her. »Aber ich liebe ihn halt und, wie gesagt, vom Kopf her weiß ich ja auch, er meint das alles eigentlich gar nicht böse! Ich muss bloß irgendwie lernen, besser damit klarzukommen, sodass mich das nicht mehr verletzt oder traurig macht. Dann wird schon alles gut.«

Ich beobachtete, wie sie mit den Zähnen an der Innenseite ihrer rechten Wange knabberte, während ihr Blick nun auf dem Boden haften blieb. »Du sagst, ihr habt euch schon zweimal getrennt«, hakte ich nach, »wie kam das denn?« Marie nickte und sah mich jetzt wieder an. »Ja, das ging beide Male von Basti aus. Ich hab ihm damals halt echt viele Vorwürfe gemacht, vor allem wegen der anderen Frauen, das war ihm zu anstrengend. Aber als er dann weg war, habe ich so richtig gemerkt, wie sehr ich ihn liebe. Ich kam ohne ihn überhaupt nicht klar, diese paar Wochen waren die allerschlimmste Zeit meines Lebens. Deswegen bin ich dann wieder auf ihn zugegangen und habe mich entschuldigt. Erst mal war dann auch alles o. k., aber in den letzten drei Monaten war ich krank, und da ist mir irgendwie die Decke auf den Kopf gefallen. Ich hatte viel Zeit zum Nachdenken. Und als Basti sich dann nicht um mich gekümmert hat, als ich mit 42 Grad Fieber im Bett lag, sondern feiern gegangen ist, da hab ich ihm gesagt, dass ich das falsch finde. Vielleicht war das unfair von mir. Jedenfalls meinte er dann, wenn ich jetzt nicht endgültig mal entspannter werde, dann hat das mit uns keinen Sinn mehr, obwohl er mich liebt. Deswegen sitze ich jetzt hier.« Sie sah sich in meiner Praxis um. »Ich verstehe. Was hattest du denn, dass du so lang krank warst?«, fragte ich. Marie wiegelte ab: »Ach, immer unterschiedliche Sachen. Erst Magenkrämpfe, dann Migräne, einen eingeklemmten Nerv im Rücken und am Ende halt eine richtig schlimme Grippe. Ich glaube, mein Immunsystem ist einfach ziemlich runter gerade.«

Puh. Wenn Du all das liest, geht es Dir spontan vermutlich genauso wie Maries Freunden, und Du fragst Dich: Warum um Himmels willen hat sie diesen Typen nicht längst verlassen? Er belügt sie, beschimpft sie, schreit sie an, beleidigt sie, kümmert sich nicht um sie und gibt ihr dann auch noch das Gefühl, an alledem selbst schuld zu sein. Es liegt auf der Hand, dass er ihr nicht guttut.

Von außen betrachtet schien die Sache ziemlich klar zu sein. Aber trotzdem kam Marie mit dem ausdrücklichen Wunsch zu mir, sich nicht von Basti zu trennen. Im Gegenteil, sie suchte einen Weg, ihre Partnerschaft zu stabilisieren, »besser« mit all den Verletzungen umzugehen.

Fälle wie der von Marie begegnen mir oft. Aber selbst für mich ist es immer wieder unglaublich, wie sehr sich die Gedanken der betroffenen Frauen und Männer gleichen. Fast immer tauchen Formulierungen wie »er ist nun mal meine große Liebe« oder »wir gehören einfach zusammen« auf. Der Partner »meint es eigentlich gar nicht so«, wenn er verletzend, rücksichtslos oder auch körperlich übergriffig handelt. Freunde, die zu einer Trennung raten, kennen ihn »halt auch gar nicht so, wie ich ihn kenne« und es gibt da ja auch »eine ganz andere Seite«. Allen Betroffenen gemeinsam ist ebenfalls, dass sie die Schuld für das Verhalten ihres Partners zu großen Teilen bei sich selbst suchen. Entsprechend häufig haben sie vor allem den Wunsch, nicht mehr »so empfindlich zu sein« oder mehr so zu werden, wie ihr Gegenüber sie gern hätte. Vielfach haben sie sich mit ihrer Situation zudem isoliert, teils aus Scham, teils, um sich gegenüber Freunden und Familie nicht mehr rechtfertigen zu müssen.

Um Marie die Angst zu nehmen, dass auch ich die Hände über dem Kopf zusammenschlagen und ihr raten würde, dass sie sich sofort trennen solle, kommentierte ich ihren Bericht zunächst einmal gar nicht, sondern stellte ihr nur zwei Fragen: Was genau konnte sie mir zu den Phasen sagen, in denen sie von Basti getrennt gewesen war? Was hatte diese Monate zu den allerschlimmsten ihres Lebens gemacht?

Marie zog die Füße aufs Sofa und schlang die Arme eng um ihre Knie. Sie sah klein und unendlich traurig aus. »Das war einfach nur fürchterlich«, erzählte sie. »Ich habe mich so einsam gefühlt. Irgendwie war plötzlich alles sinnlos. Es gab Tage, da habe ich von morgens bis abends im Bett gelegen und geweint. Basti und ich unternehmen viel zusammen, aber in der Zeit war ich so gut wie immer zu Hause. Die meisten Sachen machen alleine ja auch überhaupt keinen Spaß. Das war fürchterlich«, erinnerte sie sich und schloss kurz die Augen.

»Ich möchte dich mal auf ein Gedankenspiel einladen, o. k.?«, antwortete ich. Marie nickte. »Mal angenommen, dieses Gefühl, allein zu sein, wenn Basti nicht da ist, und dieses Sinnlose, das könnte dir wie durch einen Zauber genommen werden. Du würdest morgen früh wach werden und wüsstest plötzlich, dass dein Leben theoretisch auch ohne ihn richtig schön und erfüllt ist. Würdest du dann immer noch mit ihm zusammenbleiben wollen, wenn er dich das nächste Mal belügt oder beschimpft?« Sie stutzte und dachte ein paar Augenblicke lang nach. »Na ja, das ist ja total unrealistisch«, sagte sie dann. »Aber davon mal abgesehen: Wenn ich wüsste, dass es mir ohne ihn gut gehen würde und ich nicht wieder in so ein Loch stürze ... dann wäre ich mir vielleicht zumindest nicht mehr so sicher, dass ich bei ihm bleibe.«

»O. k. Und warum nicht?«, wollte ich wissen. Ihre Augen füllten sich mit Tränen. »Weil ich ja eigentlich weiß, dass das nicht gut ist, wie er mit mir umgeht!«, sagte sie dann und begann zu weinen. »Du hast schlimme Angst vor dem Alleinsein, oder?«, hakte ich nach und reichte ihr ein Taschentuch. Marie schluchzte. »Ja, das spielt auf jeden Fall eine Rolle.«

Der Irrtum des Beziehungsglücks von Menschen wie Marie besteht darin, dass sie denken, ein Partner könnte dafür sorgen, dass sie nicht mehr einsam sind. Ohne Beziehung fühlen sie sich leer, wertlos, ungeliebt und einfach unendlich allein. Deshalb haben sie oft wahnsinnige Angst vor einer Trennung und halten an ihrer Partnerschaft fest, auch wenn diese ihnen nicht guttut, etwa weil sie permanent verletzt werden – emotional, aber leider häufig auch körperlich. Diese Menschen werden regelrecht abhängig vom Partner und lassen sich von ihm beinahe alles gefallen. Grenzen setzen sie keine oder nur unzureichend, entschuldigen sich für Konflikte, an denen sie keine Schuld tragen – alles nur, damit der Partner sie bloß nicht verlässt.

Wie Du Dir sicher schon denkst, ist die Angst vor der Einsamkeit leider ein ganz schlechter Ratgeber, wenn man eine glückliche Beziehung führen möchte. Denn sie führt dazu, dass man gar nicht mehr beurteilen kann, wie gut ein Mensch für das eigene Wohlbefinden ist. Außerdem gehen Menschen wie Marie Konflikten aus dem Weg oder lassen sich vom Partner alles gefallen – obwohl sowohl die Auseinandersetzung als auch Kompromisse Teil jeder Partnerschaft sind, in der zwei Menschen gleichermaßen zufrieden sein wollen. Erst wenn die Betroffenen erkennen, dass sie Angst vor der Einsamkeit haben, und einen Weg finden, theoretisch auch ganz allein glücklich zu sein, können sie sich aus der »Zweisam einsam«-Falle befreien. Das Problem ist jedoch: Nur in wenigen Fällen ist ihnen ihre eigene Angst überhaupt bewusst. Sie glauben stattdessen fest daran, einfach besonders intensiv lieben zu können oder ihre »eine große Liebe« gefunden zu haben. Liebe und Abhängigkeit sind zwei der am häufigsten verwechselten Gefühle, habe ich sinngemäß einmal in einem sehr klugen Buch[1] gelesen, auf das ich an späterer Stelle noch einmal zu sprechen kommen werde.

Wie ich in den einleitenden Worten zu den zehn Irrtümern des Beziehungsglücks schon erwähnt habe, sind die Beispiele, die ich hier beschreibe, sehr extrem. Das gilt auch für Marie. Denn die zweisame Einsamkeit spielt häufig nicht nur dann eine Rolle, wenn wir uns nicht aus einer Beziehung lösen können, die uns schadet. Sie kann auch die Ursache dafür sein, dass ein Mensch es nicht schafft, sich aus einer sehr langen Partnerschaft zu lösen oder aus einer, in der es emotional einfach nicht mehr passt. Außerdem kann zweisame Einsamkeit dazu führen, dass Menschen »Luftschlösser bauen«, genauso wie dazu, dass wir uns im Rahmen der »Liebe-Leistung-Verwechslung« verausgaben oder dem »Chamäleon-Effekt« erliegen. Selbst, wenn Du Dich in Marie nicht wiederfinden kannst oder sogar sicher bist, dass Dir so etwas niemals passieren würde, widme Dich den Fragen im Selbst-Check also bitte genau.

Wie gern ich Dir nun noch berichten würde, dass es Marie ganz schnell viel besser ging! Aber das wäre nicht die Wahrheit. Tatsächlich hielt sie noch eine ganze Weile an dem Gedanken fest, sich auf keinen Fall von Basti zu trennen. Erst nachdem sie fast ein dreiviertel Jahr lang in größeren Abständen immer wieder zu mir gekommen war und schließlich den Entschluss fasste, zusätzlich zu unserem Coaching auch noch eine Therapie zu beginnen, hatte sie in einem Streit den Mut, zumindest eine Trennung auf Zeit auszusprechen. Sie kam bei einer Freundin unter, es gab viele Tränen und durchwachte Nächte. Und am Ende war es wohl der Zufall, der wollte, dass Maries Freundin genau in dieser Phase der Mietvertrag gekündigt wurde und sie vorschlug, eine WG zu gründen. In dieser

---

[1] *Röhr, Heinz-Peter:* »Wege aus der Abhängigkeit«. Patmos Verlag, 2015.

Wohngemeinschaft fand Marie die Sicherheit, die sie brauchte, um trotz ihrer Angst vor dem Alleinsein Abschied von Basti zu nehmen.

♥

Dein Selbst-Check

»Wenn ich einen Partner habe, fühle ich mich nicht mehr einsam, dann bin ich glücklich.«

Die Hoffnung, die eigene Einsamkeit durch eine Partnerschaft zu heilen oder zu verhindern, haben ganz viele Menschen. Und das ist verständlich! Leider ist diese Hoffnung in Bezug auf das Beziehungsglück kein guter Ratgeber: Oft führt sie nämlich dazu, dass wir überhaupt nicht darauf achten, wie glücklich wir mit jemandem wirklich sind, oder dass wir sogar in einer Partnerschaft bleiben, die uns nicht guttut. Unsere Angst vor einer Trennung und dem Alleinsein ist dann so groß, dass uns die Zweisamkeit wichtiger erscheint als unser Glück. Hinzu kommt, dass wir Auseinandersetzungen mit unserem Partner aus dem Weg gehen, die aber zu jeder Beziehung dazugehören. Ähnlich wie bei der »Liebe-Leistung-Verwechslung« oder dem »Chamäleon-Effekt« kann es außerdem passieren, dass unser Partner das Interesse an oder den Respekt vor uns verliert – weil er spürt, dass er (fast) alles mit uns machen kann.

- Verursacht der Gedanke, dass Dein Partner sich von Dir trennen / Eure Beziehung auseinandergehen könnte, Angstgefühle, die sich beinahe wie Panik anfühlen?
  ☐ Ja / ☐ Nein

- Kannst Du Dir ein Leben ohne (D)einen Partner nur sehr schwer vorstellen?
  ☐ Ja / ☐ Nein
- Hast Du in Deinem Leben schon schweren und möglicherweise auch sehr langwierigen Liebeskummer gehabt (nach einer Trennung oder weil Du lang in jemanden verliebt warst, der aber nicht mit Dir zusammen sein wollte)?
  ☐ Ja / ☐ Nein
- Fragst Du Dich manchmal, wie Menschen, die nicht in einer Partnerschaft sind, überhaupt glücklich sein können?
  ☐ Ja / ☐ Nein
- Steckst Du in einer Partnerschaft, von der Du insgeheim weißt, dass sie Dir gar nicht guttut – kannst aber dennoch nicht loslassen?
  ☐ Ja / ☐ Nein

Übrigens: Manchmal kann es sehr schwer einzuschätzen sein, ob ein Partner Dich schlecht behandelt oder ob Du einfach zu sensibel bist. Dann möchte ich Dir raten, drei Dinge zu tun: Erstens frage Dich, zu welchem Urteil Du kommen würdest, wenn jemand Deine beste Freundin oder Deinen besten Freund auf die gleiche Weise behandelt. Zweitens nimm die Sorge Deiner Familie und Deiner Freunde ernst – zumal, wenn sie sich in ihrer Meinung einig sind. Sie meinen es mit großer Wahrscheinlichkeit gut mit Dir. Und drittens frage Dich, ob Du Dich von einem guten Freund genauso würdest behandeln lassen, wie von Deinem Partner. Oder hättest Du Dich hier längst »getrennt«? Spätestens, wenn Dein Körper, wie bei Marie, Alarm schlägt, ist es in der Regel höchste Zeit, über eine Veränderung nachzudenken.

Irrtum #9

Gedanken lesen

»In einer guten Partnerschaft sollte man wissen, was der andere denkt.«

Es gibt eine Frage, die ich jedem Kunden, der neu in meine Praxis kommt, als Erstes stelle, vollkommen unabhängig davon, wie jung oder alt er ist oder ob männlich oder weiblich. Die Frage lautet: »Wollen wir uns duzen?«

Ich weiß, dass das ziemlich ungewöhnlich ist – beziehungsweise unter vielen Coaches und vor allem Psychotherapeuten als falsch gilt. Weil, so die Sorge, auf diese Weise der professionelle Abstand zwischen Coach beziehungsweise Therapeut und Klient verloren gehen könnte. Dennoch haben meine Kollegen und ich uns ganz bewusst für das Du entschieden. Warum? Weil wir davon überzeugt sind, dass in unserem ganz speziellen Kontext kaum etwas wichtiger ist, als dass die Menschen, die sich wegen ihres Kummers mit der Liebe an uns wenden, sich rundum geborgen, verstanden und gut aufgefangen fühlen. Eher wie bei Freunden als bei einem psychologischen Dienstleister. Das »Sie«, so habe ich ganz zu Beginn meiner Arbeit festgestellt, macht es vielen Menschen schwerer, sich wirklich fallen zu lassen und mir ihre Gedanken, Wünsche und auch Ängste ehrlich anzuvertrauen. Diese zu kennen ist für den Erfolg unserer gemeinsamen Zeit allerdings vollkommen unverzichtbar. Denn woran sollen wir arbeiten, wenn ich gar nicht weiß, worum es wirklich geht oder welches Ziel mein Gegenüber hat? Das wäre extrem schwierig. Logisch!

Und gerade weil das so logisch ist und weil jedem Menschen sofort einleuchtet, dass man ein Problem nur dann gemeinsam klären kann, wenn man es vorher erst mal richtig benannt hat, bin ich oft umso erstaunter über die Antwort auf eine weitere Frage, die ich so gut wie jedem Kunden im Laufe unserer Zusammenarbeit irgendwann stelle. Meist haben wir zu diesem Zeitpunkt bereits über einige Details gesprochen, und ich kenne viele der Gedanken, die mein Kunde sich über seinen Partner oder Ex-Partner, über die gemeinsame Beziehung, über Ursachen für Konflikte sowie mögliche Lösungen, über Enttäuschungen, Veränderungswünsche oder seine eigene Verantwortung an alledem macht. »Und hast du all das eigentlich schon mal genauso, wie du es mir jetzt gerade erzählst, deinem Partner gesagt?«, möchte ich dann wissen. Daraufhin ernte ich meist erstaunte Blicke. Und höre etwas in folgender Art:

»Nein, also, so im Detail nicht. Das würde ich mich nicht trauen.«
»Das kann ich irgendwie nicht. Das gäbe nur Streit.«
»Versucht habe ich es schon, aber ich glaube, ich habe es nicht so gut rübergebracht wie gerade.«
»Ich glaube nicht, dass das was bringen würde.«
»Nee, das kann er sich doch wohl denken, dass ich das so sehe!«
»Ehrlich gesagt bin ich das Reden leid, also nein.«
»Sie hört mir eh nicht zu.«
»Wenn das schon so kompliziert ist, dass ich mich immer erklären muss, dann hat das alles doch eh keinen Sinn, oder?«
»Vorgenommen habe ich es mir ein paarmal, aber kurz vorher kriege ich immer so einen Kloß im Hals, dass ich es irgendwie nicht über die Lippen bringe.«
»Ich bin leider gar nicht gut in so was.«

Ähnlich verhält es sich, wenn ich mich bei meinem Gegenüber

nach der Meinung seines (Ex-)Partners zu einem bestimmten Problem oder Thema, über das wir gerade sprechen, erkundige: »Angenommen, ich würde jetzt deinen Freund unter vier Augen dazu befragen, was vermutest du, würde er mir sagen?«

»Ehrlich gesagt weiß ich das nicht«, erfahre ich dann oder: »So ganz offen haben wir da eigentlich noch nie drüber gesprochen.« Manchmal geht es auch weiter: »Na ja, direkt gesagt hat er das nie, aber man kann sein Verhalten ja nur *so und so* interpretieren«, oder: »Ich vermute mal, dass sie wohl *das und das* denkt«.

Es scheint also, dass es vielen von uns irgendwie leichter fällt, mit einer dritten Person, wie einem Coach oder Therapeuten (beziehungsweise häufig auch dem besten Freund, der Schwester, der Mutter), über unsere Beziehungssorgen und Sehnsüchte, Ängste, Bedürfnisse und Wünsche zu sprechen, als mit unserem Partner selbst. Und – das ist das eigentlich Unglückliche an dieser Tatsache – obwohl wir auf diese Weise ja von vornherein verhindern, dass es überhaupt zu einem konstruktiven Austausch kommen kann, sind wir dennoch enttäuscht, traurig oder sogar wütend, wenn unsere Partnerschaft sich nicht so entwickelt wie erhofft. Ein Klassiker ist zum Beispiel das »Schmollen«, wenn einem irgendetwas nicht passt, oder vordergründig zu behaupten »Ja, ja, alles o. k., ich hab nichts« – während man innerlich brodelt und insgeheim vom anderen eben doch verlangt, dass er sich für irgendetwas entschuldigt. Es ist beinahe, als würden wir von der Frau oder dem Mann an unserer Seite erwarten, dass er unsere Gedanken lesen kann!

Und das Gleiche gilt leider auch andersherum: Anstatt unseren Partner geradeheraus nach seiner Sicht der Dinge zu fragen, ein offenes und ehrliches Gespräch zu suchen, wenn uns etwas missfällt oder auf dem Herzen liegt, flüchten wir uns aus Angst vor einem Konflikt oft in Interpretationen oder deuten sein Verhalten einfach auf Basis unserer eigenen Sicht der Dinge. Was wir dabei jedoch vergessen, ist das, was wir vorhin schon überlegt haben: Dass unser Partner genauso eine einzigartige, individuelle Persönlichkeit ist wie wir selbst und er vieles möglicherweise ganz anders fühlt und bewertet als wir – so gut wir ihn auch zu kennen glauben.

Ich möchte Dir von Daniel erzählen. Als er sich an einem heißen Spätsommertag an mich wandte, befand er sich in einer vertrackten Situation: Mit seiner Lebensgefährtin Dunja war er seit über zehn Jahren zusammen, hatte sich jetzt aber in eine Arbeitskollegin verliebt und war ratlos, was er tun sollte. Dunja verlassen? Oder die Affäre beenden? »Zwischen Dunja und mir ist irgendwie alles so festgefahren«, erklärte er mir. »Das macht mich unzufrieden, und klar, das ist bestimmt auch ein Grund, warum mir das mit dem Fremdverlieben überhaupt passieren konnte. Nachdem wir vor zwei Jahren Eltern geworden sind, haben wir es irgendwie nicht geschafft, unsere Liebesbeziehung weiterzupflegen. Ich hätte mir so oft gewünscht, dass wir uns mal wieder Zeit für uns nehmen. Und ja, ich bin nicht stolz darauf, aber ich brauche das eben auch für meinen Selbstwert, dass Dunja mir zeigt, dass ich ihr wichtig bin und dass sie mich begehrt, als Mann und nicht nur als Vater. Wir funktionieren irgendwie nur noch. Unsere Beziehung als Paar ist viel unromantischer und oberflächlicher geworden als früher. Das ist echt schwierig für mich.«

»Und hast du das Dunja mal genauso gesagt?«, fragte ich ihn. Daniel schüttelte den Kopf. »Das kann ich doch nicht machen. Sie hat eh schon Stress genug mit dem Kleinen, wenn ich da jetzt auch noch mit meinen Bedürfnissen um die Ecke komme, wie soll das gehen? Sie merkt sowieso schon, dass was nicht stimmt. Wir haben uns ja ganz schön voneinander distanziert.« Ich schaute Daniel fragend an. »Du möchtest Dunja also den Stress ersparen, sie mit deinen Bedürfnissen zu konfrontieren, mutest ihr aber zu, dass du dich wegen deiner Unzufriedenheit in eine andere Frau verliebst? Und vielleicht sogar trennst? Ist das weniger Stress für sie?« Daniel seufzte. »Nein, natürlich ist das viel schlimmer für sie.«

»Das vermute ich auch«, bestätigte ich. Er kratzte sich nervös am Hinterkopf. »Du willst mir sagen, dass ich ihr überhaupt keine Chance gebe, oder?« – »Nicht nur ihr«, antwortete ich, »auch dir! Euch.« Er atmete lautstark aus. »Du hast total recht. So habe ich das noch nie gesehen.«

Daniel und ich sprachen anschließend darüber, weshalb es ihm so schwerfiel, Dunja gegenüber seine Gedanken offen auszusprechen, und überlegten uns einen Weg, wie es ihm dennoch gelingen konnte. Ich hörte zunächst nichts mehr von ihm, doch einige Wochen später schickte er mir eine Nachricht: »Elena, ich habe vor vierzehn Tagen all meinen Mut zusammengenommen und mit Dunja geredet. Sie hat ganz anders reagiert, als ich dachte! Sie war richtig erleichtert! Sie hatte sich wohl auch schon Gedanken gemacht, wie es mit uns weitergehen soll. Und sie dachte, dass ICH das Interesse an uns als Paar verloren habe! Wir haben es uns seitdem schon an ein paar Abenden zu zweit richtig schön gemacht. Für Samstag haben wir einen Babysitter und gehen aus. Ich wage es kaum zu sagen, aber ich fühle mich gerade fast ein bisschen neu verliebt, das hätte ich niemals für möglich gehalten! Meine Affäre habe ich beendet und Dunja alles gestanden. Das war alles andere als leicht. Aber ich glaube, wir schaffen das jetzt. Danke!«

Natürlich kann auch die beste Kommunikation nicht jedes Beziehungsproblem lösen und macht nicht jede Partnerschaft perfekt. Aber fest steht: Die Annahme, dass es zu einer guten Beziehung dazugehört, dass man intuitiv weiß, was der andere denkt oder braucht, ist ein Irrtum des Beziehungsglücks. Denn wer darauf verzichtet, mit seinem Partner immer wieder und offen über alles zu reden und seine Bedürfnisse deutlich zu äußern, für den ist die Chance, wirklich eine glückliche, erfüllende Partnerschaft zu führen, extrem klein.

Dein Selbst-Check

»In einer guten Partnerschaft sollte man wissen, was der andere denkt.«

»Ich weiß immer, was er denkt«, oder: »Ich muss nur in ihre Augen schauen, um zu wissen, was sie fühlt.« So etwas hört man von vielen Paaren. Und so innig das auch klingen mag: Wenn man ein gute, glückliche Beziehung führen möchte, ist es dennoch gefährlich, sich auf dieses »Gedankenlesen« zu verlassen. Denn sosehr man sein Gegenüber auch kennt, ist das Risiko, dass es zu Mutmaßungen, Missverständnissen und Unklarheiten führt, sehr groß. Solange Du Deine Bedürfnisse und Wünsche Deinem Partner gegenüber nicht klar äußerst und er das auch nicht tut, habt Ihr keine Chance, dem anderen gerecht zu werden.

- Fällt es Dir schwer, einem Partner gegenüber Deine Gefühle und Bedürfnisse offen anzusprechen bzw. auf schriftlichem Wege zum Ausdruck zu bringen?
  ☐ Ja / ☐ Nein

- Glaubst Du insgeheim, dass Dein Partner Deine Wünsche, Gedanken und Gefühle gar nicht richtig kennt?
  ☐ Ja / ☐ Nein
- Bleibt zwischen Dir und Deinem Partner vieles unausgesprochen?
  ☐ Ja / ☐ Nein
- Scheust Du aus Angst vor dem, was Du zu hören bekommen könntest, oft das Gespräch beziehungsweise eine Auseinandersetzung mit Deinem Partner?
  ☐ Ja / ☐ Nein
- Diskutierst Du Deine Beziehungsprobleme mit dritten Personen mehr als mit Deinem Partner selbst?
  ☐ Ja / ☐ Nein

♥

Dein Selbst-Check: Eine Zwischenbilanz

Das waren sie, die ersten neun der zehn häufigsten Irrtümer des Beziehungsglücks. Und bevor wir gleich noch zu Irrtum #10 kommen, möchte ich Dich nun bitten, an dieser Stelle schon einmal ein kleines Zwischenfazit zu ziehen: Konntest Du Dich in den bisherigen Irrtümern wiederfinden? Und falls ja: Wie sehr?

In der folgenden Tabelle kannst Du eintragen, wie viele der Fragen im Selbst-Check Du bisher mit »Ja« beantwortet hast. Addiere sie bitte zu einer Zwischensumme. Deinen Wert zu Irrtum #10 und Dein Gesamtergebnis werden wir nach dem nächsten Kapitel ergänzen.

Irrtum	Wie oft sagst Du »Ja«?
#1 Mein Partner sollte sich für mich verändern.	
#2 Kontakt zu den Ex-Partnern ist in einer ernsthaften Beziehung tabu.	
#3 In einer guten Beziehung macht man alles zusammen.	
#4 Eine neue Liebe ist wie ein neues Leben.	
#5 Je mehr ich für meinen Partner tue, umso mehr liebt er mich.	
#6 Gleich und Gleich gesellt sich gern.	
#7 Mein Partner muss perfekt zu mir passen.	
#8 Wenn ich einen Partner habe, bin ich nicht mehr einsam.	
#9 In einer guten Partnerschaft sollte man wissen, was der andere denkt.	
Zwischensumme	
#10 Mein Partner soll mich glücklich machen. (= Dein Selbst-Check #10 *plus die Zahl 1*)	
Gesamtergebnis (= Zwischensumme mal vorletzte Zeile)	

In der Spalte »Zwischensumme« wird nun eine Zahl irgendwo zwischen 0 und 45 stehen. Je höher sie ausfällt, umso größer ist vermutlich die Rolle, die die Irrtümer des Beziehungsglücks in Deinem Leben spielen. Noch besseren Aufschluss darüber wird uns gleich Dein Ergebnis zu Irrtum #10 liefern, den ich hier ganz bewusst ans Ende gestellt habe, weil er der schwerwiegendste Irrtum von allen ist.

Du erinnerst Dich bestimmt daran, dass ich in der Einleitung meines Buches von einem »Bild von Beziehungen« sprach, an das sehr viele von uns glauben, obwohl es eigentlich gar nicht dafür geeignet ist, wirklich glückliche Paare hervorzubringen – im Gegenteil. Und dass wir dieses Bild hier »enttarnen« wollten. Irrtum #10 ist so etwas wie die Farbe, mit der dieses Bild gemalt wurde. Er ist der Irrtum hinter den Irrtümern, die gedankliche Basis von allem, worum es bisher ging. Wer ihm erliegt, der fällt mit großer Wahrscheinlichkeit nicht nur auf die neun von mir genannten, sondern außerdem auf viele weitere Irrtümer des Beziehungsglücks herein – auch auf solche, die ich hier gar nicht alle zusätzlich nennen konnte.

Irrtum #10

Du bist mein Ein und Alles

»(M)Ein Partner soll mich glücklich machen.«

Beim Musikstreaming-Dienst Spotify habe ich mir, um an meinem Text über diesen zehnten Irrtum zu schreiben, eine Playlist mit dem Titel »Love Songs« auf mein Handy geladen, die ein anderer, mir unbekannter Nutzer zusammengestellt hat. Ich sitze beim Arbeiten gern mit dem Laptop im Café, habe Kopfhörer in den Ohren, beobachte die Menschen um mich herum und kann mich durch den gleichbleibenden Klangteppich besonders gut konzentrieren. Normalerweise. Denn in diesem Fall lenkte die Musik mich eher ab – und zwar, weil ich immer wieder an einzelnen Textstellen der Songs hängen blieb: Sie passten so verblüffend gut zu meinem aktuellen Kapitel! Davon will ich Dir an dieser Stelle unbedingt erzählen. Glaub mir, wenn ich nun Passagen aus den ersten sechs dieser zufällig eingespielten Lieder zitiere: Ich habe mit dem Mix der Playlist wirklich rein gar nichts zu tun gehabt!

Song 1: »Love changes everything« (Climie Fisher)
Love changes, changes everything
Love makes you fly, it can break your wings
(Die Liebe verändert alles. Sie lässt Dich fliegen –
aber kann Dir auch die Flügel brechen)

Song 2: »Without you« (Mariah Carey)
I can't live if living is without you!
(Ohne Dich kann ich nicht leben!)

Song 3: »Lost without U« (Robin Thicke)
I'm lost without you
Can't help myself
(…)
Tell me you depend on me
I need to hear it.
(Ohne Dich bin ich verloren, kann mir nicht helfen. (…)
Sag mir, dass Du abhängig von mir bist. Ich muss es hören.)

Song 4: »Sie ist weg« (Die Fantastischen Vier)
Doch sosehr ich mich auch dagegen wehr,
bleibt es schwer, aber wahr: Ich bin leer,
denn sie ist nicht da – klar?

Song 5: »God only knows« (Beach Boys)
If you should ever leave me, well life would still go on believe me
The world could show nothing to me
So what good would living do me?

(Solltest Du mich jemals verlassen, würde das Leben weitergehen, glaub mir. Aber die Welt hätte mir nichts mehr zu bieten. Warum sollte zu leben für mich dann noch erstrebenswert sein?)

Song 6: »You are my sunshine« (Bob Dylan / Johnny Cash)

You are my sunshine, my only sunshine
You make me happy when skies are grey
You'll never know dear, how much I love you
Please don't take my sunshine away
(Du bist mein Sonnenschein, mein einziger Sonnenschein.
Du machst mich glücklich, wenn der Himmel grau ist.
Du kannst nicht wissen, wie sehr ich Dich liebe.
Bitte nimm mir meinen Sonnenschein nicht weg.)

Ich weiß nicht, wie es Dir geht – denn natürlich ist das Geschmacksache – aber ich finde all diese Songs sehr schön. Sie haben Millionen Fans, sind beim Autofahren, unter der Dusche, beim Lachen und beim Weinen, allein, zu zweit oder in Menschenmengen deshalb auch schon zig Millionen Mal mitgesungen worden. Fast jeder kennt sie auswendig, und die Texte kommen einem ganz automatisch über die Lippen, ohne dass man sich über ihren Inhalt noch viele Gedanken machen müsste. Und tut man es doch, dann findet man sie vermutlich einfach nur romantisch – schließlich geht es darum, wie unentbehrlich, wie erfüllend und einfach nur großartig die Liebe ist!

Aber sag mal ehrlich: Wenn Du den Mitsing-Autopiloten mal kurz ganz bewusst abstellst und Dir auf der Zunge zergehen lässt, worum es in diesen sechs Liedern wirklich geht – findest Du es dann nicht ganz schön erschreckend? »Du bist mein einziger Sonnenschein«, »Ohne Dich kann ich nicht leben«, »Sag mir, dass Du abhängig von mir bist«. Schon ziemlich heftig, oder? Das bedeutet doch im Klartext: Ohne (m)einen Partner bin ich nichts und hab ich nichts. Uff! Trotzdem käme wohl kaum jemand auf die Idee, diese Songs kritisch zu hinterfragen. Und das hat einen guten Grund: Die große romantische Liebe ist in unserer Gesellschaft ein akzeptiertes Ideal – oder um bei meiner Formulierung von vorhin zu bleiben: Sie ist ganz einfach das »Bild«, das viele von Partnerschaften haben. Deswegen dreht sich auch nicht nur in der Musik, sondern auch in Literatur, Kunst und Film andauernd alles um sie. Und das nicht erst seit gestern: Man denke nur an Goethes »Leiden des jungen Werther« oder an Platons »Kugelmenschen«. Die Liebe, so heißt es, verändert eben alles. Und selbst, wenn wir der Meinung sind, dass Songs wie jene von »meiner« Playlist das ein bisschen überspitzt darstellen – die Quintessenz finden die meisten von uns richtig. Würden wir demjenigen, der widerspricht, nicht zumindest unterstellen, »unromantisch«, »verbittert«, »enttäuscht« oder einfach »noch nie richtig verliebt« gewesen zu sein?

Laut einer Umfrage der Gesellschaft für Konsumforschung[2] aus dem Jahr 2012 glauben über 50 Prozent der Menschen, dass »die Liebe Dich glücklich macht«. Was mir noch relativ niedrig erscheint, weil viele sich ihres »Glaubens« gar nicht bewusst sind – viel zu sehr ist uns dieses Bild längst in Fleisch und Blut übergegangen. Das führt dazu, dass schon Kindergartenkinder von ihren Eltern dazu ermutigt werden, sich gegenseitig »doch mal ein Bussi« zu geben, weil das »sooooo schön« ist. Oder dass derjenige, der mit über 30 noch (beziehungsweise

---

2 Vgl.: http://www.augsburger-allgemeine.de/themenwelten/leben-freizeit/Umfrage-Partner-beschert-das-meiste-Glueck-id18743366.html

wieder) solo ist, auf Familienfesten mitleidige Blicke, kritische Fragen oder aufmunternde Kommentare erntet. *Oje, und das ausgerechnet in Deinem Alter, das tut mir leid.*

Wenn jemand hingegen eine neue Beziehung eingeht, gratulieren wir ihm, freuen uns, dass er endlich sein Glück gefunden hat! Und das allen Medienberichten und Debatten über die »neuen, (selbst-)bewussten Singles« zum Trotz, die wir insgeheim für einen urbanen Mythos oder zumindest für beziehungsgestört halten.

Nun gibt es ganz sicher schlimmere Dinge, an die man glauben kann, als an die Liebe. Dennoch ist diese Idealisierung von Paarbeziehungen aus meiner Perspektive als Liebeskümmerin aus mindestens drei Gründen problematisch: Zum einen laufen wir durch die große Bedeutung, die wir der partnerschaftlichen Liebe beimessen, andauernd Gefahr, ganz bitter enttäuscht zu werden, wenn es bei uns persönlich dann doch nicht wie gewünscht läuft. Tagtäglich sitzen die Menschen, denen das passiert ist, bei meinen Kollegen und mir und wissen nicht mehr, wie es jetzt mit ihnen und ihrem Leben überhaupt noch weitergehen soll.

Zweitens bedeutet der einseitige Fokus auf Partnerschaft, den viele Menschen haben, meiner Erfahrung nach, dass sie zwangsläufig andere Lebensbereiche vernachlässigen, in denen sie vielleicht zusätzliches (oder gar noch größeres!) Glück hätten finden können.

Und der dritte, noch viel grundlegendere und vor allem absurdeste Grund ist, dass wir möglicherweise gerade durch dieses Bild, das wir von Partnerschaft und Liebe haben, unser eigenes Beziehungsglück gefährden oder sogar verhindern. Denn überleg mal: Steckt der Gedanke »Mein Partner soll mich glücklich machen« nicht bei allen bisherigen Irrtümern des Beziehungsglücks irgendwie dahinter?

- #1: Laura denkt, dass Falko sich für sie verändern sollte, weshalb sie in *Hättest-könntest-müsstest-solltest*-Botschaften mit ihm spricht – und unzufrieden wird, wenn er sich nicht so verhält, wie sie es sich wünscht. **Beides liegt auch daran, dass Laura insgeheim Falko dafür verantwortlich macht, ob sie glücklich ist oder nicht.**

- #2: Wer seinem Partner »*Du gehörst zu mir*«-Ketten anlegt und davon überzeugt ist, dass Kontakt zu anderen potenziellen Partnern in einer Beziehung tabu ist, tut das, **weil er oder sie das Gefühl hat, den Partner unbedingt zu brauchen, um glücklich sein zu können.**

- #3: Tommy und Sarah waren davon überzeugt, dass man in einer guten Beziehung alles zusammen machen sollte. **Ein Gedanke, der auf dem Glauben basiert, dass der Partner der einzige Mensch ist (und sein kann!), der einen glücklich macht.**

- #4: Eine neue Liebe ist wie ein neues Leben! Wer Luftschlösser baut, glaubt an diesen Satz – und stürzt sich mit Haut und Haaren in eine neue Bekanntschaft. **Damit legt er jedoch auch die Verantwortung für sein eigenes Leben und sein eigenes Glück in die Hände eines neuen Partners.**

- #5: Die Liebe-Leistung-Verwechslung bedeutet, dass Menschen für ihren Partner bereit sind, ihre eigenen Grenzen zu überschreiten – indem sie immer nur geben, geben, geben und sich dabei selbst komplett vergessen. **Sie haben das Gefühl, die Liebe des anderen um jeden Preis zu brauchen – weil sie nur so eine Chance haben, glücklich zu sein.**

- #6: Wer dem Chamäleon-Effekt erliegt, den verleiten Verlustangst und der Wunsch, für seinen Partner perfekt zu sein, zur Anpassung, bis hin zur Selbstaufgabe. Warum? **Weil er darauf hofft, dass (s)eine Beziehung ihn glücklich macht.**

- #7: Auch wer sich auf die Suche nach dem Heiligen Beziehungsgral macht und unbedingt den einen, perfekten Partner finden möchte, misst seiner Partnerschaft einen ganz gehörigen Stellenwert für das eigene Glück bei.
»Wovor hast du denn Angst, wenn du dich jetzt zum Beispiel einfach mal für eine von den beiden Frauen entscheiden würdest?«, fragte ich Tilo. Er überlegte kurz. »**Na ja, irgendwie, dass das dann die Falsche wäre. Dass ich nicht das Richtige tue. Und nicht richtig glücklich werde.**«

- #8: Marie, die insgeheim darauf hoffte, dass sie sich durch ihre Partnerschaft nicht mehr einsam fühlen müsste, und dafür sogar in Kauf nahm, von ihrem Lebensgefährten schlecht behandelt zu werden, **konnte sich gar nicht vorstellen, ohne eine Beziehung glücklich zu sein.**

- #9: Was macht derjenige, der von seinem Partner (unbewusst) erwartet, dass er die eigenen Gedanken lesen kann? **Er legt die Verantwortung für sein persönliches Glück in die Hände seines Gegenübers – anstatt selbst dafür zu sorgen, dass die eigenen Bedürfnisse erfüllt werden.**

Neun Irrtümer des Beziehungsglücks und neunmal der gleiche Motivator! Diese Erkenntnis aus der praktischen Arbeit mit Menschen wie Laura, Falko, Tommy und vielen anderen haben dazu geführt, dass ich eine These aufgestellt habe.

> ♥♥♥♥♥♥♥♥♥♥♥♥♥♥♥♥♥♥♥♥♥♥♥♥♥
> Die meisten Beziehungsprobleme entstehen erst dadurch, dass wir von einem Partner erwarten, dass er uns glücklich machen soll – und kann. Erst wenn wir aufhören, unseren Partner für unser eigenes Glück verantwortlich zu machen, und es selbst in die Hand nehmen, sind wir in der Lage, wirklich gute, stabile und glückliche Beziehungen zu führen.
> ♥♥♥♥♥♥♥♥♥♥♥♥♥♥♥♥♥♥♥♥♥♥♥♥♥

Im zweiten Teil von »Goodbye Beziehungsstress« werde ich Dir erklären, warum diese Annahme sich nicht nur mit meinen Beispielen aus dem echten Leben, sondern auch auf theoretischer Ebene belegen lässt. Wir werden uns ansehen, was glückliche Beziehungen den Erkenntnissen von Paarforschern und Psychologen nach eigentlich ausmacht. Und wir betrachten, was das für jeden von uns bedeutet, wenn er eine schöne, erfüllende und stabile Partnerschaft führen möchte. Zunächst möchte ich Dich nun aber noch bitten, den Selbst-Check zu Irrtum #10 zu machen! Los geht's!

Dein Selbst-Check

»(M)Ein Partner soll mich glücklich machen.«

Auch wenn natürlich kaum jemand sagen würde »Ja, klar, mein Partner ist dafür da, mich glücklich zu machen!«, haben viele Menschen diese Vorstellung unbewusst dennoch tief verinnerlicht. Das wird etwa beim Ideal der romantischen Liebe sichtbar, das wir in unserer Kultur haben, und daran, dass wir einem gelingenden Liebesleben eine extrem große Bedeutung beimessen – oder ganz praktisch an den ersten neun Irrtümern des Beziehungsglücks. Selbst, wenn Du noch nie explizit darüber nachgedacht hast, ob Du (D)einen Partner für Dein eigenes Glück verantwortlich machst, kann es also gut sein, dass Du dennoch so fühlst und handelst – ohne es zu merken. Die folgenden Fragen für Deinen Selbst-Check können auf den ersten Blick ein wenig albern klingen, und Du wirst sie vielleicht alle spontan verneinen wollen. Umso mehr möchte ich Dich deshalb bitten, wirklich ehrlich zu Dir selbst zu sein und eine Weile über Deine Antworten nachzudenken. Hab keine Angst! Es kommt an dieser Stelle überhaupt nicht darauf an, was gut, schlecht, klug oder richtig ist – sondern einzig und allein darauf, dass Du Dich selbst verstehst und noch besser kennenlernst.

- Glaubst Du an die eine, die große Liebe, mit der alles gut ist oder wird?
  ☐ Ja / ☐ Nein
- Erscheint Dir Dein eigenes Leben ohne (D)einen Partner manchmal weniger sinnvoll?
  ☐ Ja / ☐ Nein
- Hast Du schon eine oder mehrere Phasen heftigen Liebeskummers erlebt und währenddessen geglaubt, dass Dein Leben vielleicht nie wieder gut sein wird?
  ☐ Ja / ☐ Nein
- Träumst Du manchmal von einer Liebesgeschichte, so wie Du sie aus Filmen, aus dem Fernsehen oder aus Popsongs kennst?
  ☐ Ja / ☐ Nein

- Kannst Du Dich selbst in den Gedankenketten, die ich auf den Seiten 91 bis 93 in Bezug auf die ersten neun Irrtümer des Beziehungsglücks geschildert habe, wiederfinden?
  ☐ Ja / ☐ Nein

Du hast jetzt zwischen null und fünf der Fragen mit Ja beantwortet. Bevor Du auch dieses Ergebnis nun in die passende Zeile Deiner Tabelle auf Seite 87 einträgst, addiere bitte die Zahl 1 hinzu, dieses Ergebnis wirst Du dann mit der Zwischensumme der ersten neun Irrtümer **multiplizieren** – damit es unter allen Irrtümern ein besonderes Gewicht erhält. Wenn Du magst, blättere doch jetzt kurz zurück, dort ist alles noch einmal erklärt. Füll Deine Tabelle aus, merk Dir Dein Ergebnis, und komm dann wieder hierher!

Die Auswertung

Du solltest jetzt einen Wert zwischen 0 und 270 in Deinem Kopf haben – und fragst Dich sicher schon, was genau diese Zahl nun bedeutet. Deshalb möchte ich die Auswertung auch gar nicht unnötig kompliziert machen, sondern Dir schnell verraten:

Wann immer Dein Wert über 50 liegt, kannst Du davon ausgehen, dass die Irrtümer des Beziehungsglücks und das Bild von Partnerschaften, aus dem sie resultieren, auch in Deinem Leben eine relevante Rolle spielen. Je höher Dein Ergebnis über der 50 liegt, umso größeren Einfluss haben die Irrtümer des Beziehungsglücks vermutlich auf Deine Partnerschaft oder Dein Dating. Das klingt für Dich vielleicht erst einmal erschreckend, sollte es aber nicht! Denn es bedeutet ja auch, dass Du in der Liebe noch besonders viel Entwicklungsspielraum hast – sofern Du Dir das nach dem Lesen des gleich folgenden zweiten Teils von »Goodbye Beziehungsstress« wünschst! Eins ist mir nämlich ganz besonders wichtig: Dass Du das, wovon ich hier schreibe, wirklich selbst nachvollziehen kannst und davon überzeugt bist, anstatt es mir einfach zu glauben. Schließlich handelt es sich bei Partnerschaften um einen sehr wichtigen und privaten Lebensbereich, mit dem jeder ganz individuell und besonders verantwortungsvoll umgehen sollte.

Mein Vorschlag wäre, dass Du Dein Ergebnis aus dem Selbst-Check und die Frage, wie Du damit weiterverfahren möchtest, nun also bis zum Ende des zweiten Teils noch einmal kurz zurückstellst. Wenn Du anschließend sagst: »Ja, ich möchte etwas ändern!«, dann kannst Du im dritten Teil des Buches gleich damit loslegen.

Deine Punktzahl liegt unter 50? Das ist richtig toll! Und dennoch würde ich Dir gern raten, an dieser Stelle weiterzulesen. Du machst in der Liebe offensichtlich schon sehr vieles sehr gut! Aber es muss dennoch einen Grund geben, weshalb Du »Goodbye Beziehungsstress« in den Händen hältst. Möglicherweise kannst also auch Du aus dem, was nun folgt, noch etwas mitnehmen.

TEIL II

Was glückliche Beziehungen ausmacht

Hast Du irgendwann in der Vergangenheit vielleicht schon einmal in der Buchhandlung vor dem Regal mit den Beziehungsratgebern gestanden und Dich gefragt, welcher davon denn nun *wirklich* weiß, wie das funktioniert mit einer glücklichen Partnerschaft? »Liebe Dich selbst, und es ist egal, wen Du heiratest«? »Männer sind anders. Frauen auch.«? »Die fünf Sprachen der Liebe«? »Die 7 Geheimnisse der glücklichen Ehe«? »Was glückliche Paare richtig machen?« Oder gar »Scheißkerle«? Und oje, was ist außerdem mit den vielen Ratschlägen, die auf den Covern von Frauen- (und durchaus auch Männer-) Magazinen ein paar Tische weiter angepriesen werden? »In dieser Ausgabe: Die ultimativen Tipps für eine glückliche Beziehung«, »Die Formel des Beziehungsglücks – was Du darüber wissen musst« oder »Happy verheiratet: 10 Tipps für eine glückliche Ehe«.

Was soll man denn da bloß nehmen? Wem sein Vertrauen schenken? Bei so vielen verschiedenen Ansätzen scheint es ja selbst für Profis eine ganz schön komplizierte und vielschichtige Sache zu sein mit dem Beziehungsglück ... Oder? Die Antwort lautet: Jein.

Denn ich kann natürlich gut verstehen, wenn sich das für Dich bisher so angefühlt hat. Aber ich weiß auch, dass es zwar wirklich eine Menge verschiedener Methoden, Schwerpunkte und Strategien gibt – die seriösen unter dem Strich aber alle auf ganz ähnlichen psychologischen Grunderkenntnissen über Partnerschaften aufbauen. Diese werden von den jeweiligen Autoren nur unterschiedlich gewichtet, in verschiedene Zusammenhänge gebracht und individuell vermittelt.

Mein Versprechen, dass wir die zehn Irrtümer des Beziehungsglücks und meine These jetzt aus der theoretischen Perspektive beleuchten werden, löse ich für Dich also so ein, dass ich aus dem großen Sammelsurium der Ansätze nun herausfiltern werde, was im Kern laut Paarforschern und Psychologen glückliche Beziehungen ausmacht. Und im Anschluss finden wir dann heraus, ob Du diesem Zustand vielleicht automatisch näher kommst, wenn Du Deinen Partner nicht mehr für Dein eigenes Glück verantwortlich machst.

Das Schöne ist, dass Du nebenbei noch jede Menge zusätzliches Beziehungs-Know-how sammeln wirst. Ich werde mich in diesem Teil dennoch so knapp wie möglich fassen, denn ich weiß, dass Du auf der Suche nach konkreter Hilfe bist und es etwas mühsam sein kann, dann erst mal ellenlange theoretische Erklärungen wälzen zu müssen. Solltest Du später trotzdem Lust haben, den einen oder anderen Aspekt noch weiter zu vertiefen, ist das eine tolle Idee! Wirf in diesem Fall einfach einen Blick in die Literaturtipps am Ende des Buches. Dort habe ich alle Quellen, auf die ich mich beziehe, noch einmal für Dich zusammengestellt.

Die zwei Ebenen des Beziehungsglücks

Vorhin habe ich Dir erklärt, dass eine glückliche Beziehung nicht erst beim Paar anfängt – sondern bereits bei jedem von uns selbst. Dass es also Menschen gibt, die »gut« in Beziehungen sind, und solche, die mit wechselnden Partnern immer wieder bei ähnlichen Problemen, Konflikten und oft auch Trennungsgründen landen. Wenn wir nun herausfinden wollen, was Wissenschaftler über das Beziehungsglück sagen, dann ist die erste und sehr wichtige Erkenntnis, dass sie diese Überzeugung teilen: **Beziehungsglück beginnt schon beim »Ich« und nicht erst beim »Wir«.**

Verschiedene empirische Untersuchungen haben nämlich gezeigt, dass es bestimmte Persönlichkeitsmerkmale eines Menschen auf der **Ich-Ebene** gibt, die ihn und seine Partnerschaften dafür prädestinieren, glücklich zu sein – und zwar deshalb, weil sie auf der **Wir-Ebene**, also bei den Interaktionen mit dem Partner, zu diversen »beziehungsglücksförderlichen« Verhaltensweisen führen.

Aus diesem Grund werden wir beide uns die »Wir-Ebene« und die »Ich-Ebene« des Beziehungsglücks in den folgenden zwei Kapiteln ebenfalls separat voneinander anschauen, um zu klären, welche individuellen Persönlichkeitsmerkmale Du eigentlich im Optimalfall mit in eine Partnerschaft bringen würdest, die Dir dabei helfen könnten, dass es zwischen Dir und dem Menschen, in den Du Dich verliebt hast oder den Du liebst, klappt. Und wir betrachten, was diese Persönlichkeitsmerkmale wiederum mit meiner These über das Beziehungsglück zu tun haben.

Ich glaube fest daran, dass die Theorie vom Beziehungsglück schon allein durch die Unterscheidung dieser beiden Ebenen für Dich auf einen Schlag viel übersichtlicher und leichter zu verinnerlichen sein wird. Denn es ist meinem Eindruck nach so, dass es in vielen Beziehungsratgebern bisher *entweder* um die Ich-Ebene *oder* um die Wir-Ebene des Beziehungsglücks geht. Sie geben Dir zum Beispiel ganz konkrete Tipps, wie Du mit Deinem Partner besser kommunizierst oder wie Ihr Konflikte konstruktiv löst, lassen dabei aber die Tatsache, warum Euch das bisher schwerfiel und was das möglicherweise mit jedem von Euch beiden als Individuum zu tun hat, außer Acht (beziehungsweise deuten es nur an). Andere Ratgeber wiederum erklären Dir zwar, dass Beziehungsglück ganz viel mit Selbstliebe zu tun hat, gehen aber weniger darauf ein, warum genau das eigentlich für das Funktionieren der Wir-Ebene auch aus wissenschaftlicher Perspektive so wichtig ist.

Falls Du noch Zweifel daran hast, dass es wirklich Sinn macht, sich zugunsten einer glücklichen Beziehung auch an die eigene Nase zu fassen, dann hoffe ich außerdem, dass ich diese Zweifel gleich endgültig ausräumen kann. Leider erlebe ich immer wieder, dass Männer und auch Frauen die Andeutung, dass das Scheitern ihrer Beziehung vielleicht auch ein bisschen an ihnen selbst gelegen haben könnte, als Kritik verstehen. Und deshalb alles weit, weit von sich weisen. Was natürlich jeder für sich selbst entscheiden kann und darf! Womit sie meiner Meinung nach aber eine große persönliche Chance vertun.

Was glückliche Beziehungen ausmacht: die Wir-Ebene

> »Nachdem ich nicht weniger als sechzehn Jahre lang glückliche Paare beobachtet habe, weiß ich heute, dass der Schlüssel zur Wiederbelebung oder zum Schutz einer Beziehung nicht darin liegt, wie man mit Streitpunkten umgeht, sondern wie man sich einander gegenüber verhält, wenn man nicht streitet.«
>
> John Gottman
> (einer der berühmtesten Beziehungsforscher der USA)

Wollte ich all das, was aus der Perspektive von Paarforschern zwischen zwei Menschen stattfinden muss, damit sie eine glückliche, stabile Beziehung führen können, hier gleich zu Beginn schon einmal für Dich in einem einzigen Satz zusammenfassen, dann würde er lauten: Sie müssen es schaffen, in allen Lebenslagen einen liebevollen Blick aufeinander zu haben – und sich diesen aller Routine, Rückschläge und Probleme zum Trotz zu bewahren. Denn sofern das der Fall ist, passiert alles andere, worauf es im Detail noch ankommt, fast von allein. Glückliche Paare unterscheiden sich von unglücklichen (oder weniger glücklichen) Paaren nach den Erkenntnissen von Wissenschaftlern im Kern nämlich durch folgende Dinge:

Glückliche Paare ...

... gehen konstruktiv mit Konflikten um, bleiben also **auch im Streit miteinander verbunden** und suchen nach gemeinsamen Lösungen – anstatt gegeneinander anzukämpfen.

... **zeigen Interesse** aneinander und den Dingen, Menschen und Themen, die ihrem Partner wichtig sind.

... **öffnen und vertrauen sich** einander im wahrsten Sinne an, wodurch ein stabiles Gefühl von Nähe entsteht.

... **kommunizieren viel und auf respektvolle, wohlwollende Art und Weise** miteinander – anstatt sich beispielsweise gegenseitig zu kritisieren, zu sticheln, zu verachten oder abzuwerten.

... **haben Verständnis füreinander** und nehmen den anderen so an, wie er ist – akzeptieren seine Schwächen und Macken als Teil des Gesamtpakets also genauso wie seine Stärken.

... **versuchen nicht, einander zu verändern.**

... **sind ehrlich zueinander** und können sich entschuldigen und verzeihen, wenn es angebracht ist.

... **leben ein gemeinsames Wir, genauso wie zwei Ichs** – investieren also Zeit und Energie in ihre Beziehung, aber auch in ihr jeweils eigenes Leben.

... **zeigen einander** durch aufmerksame Gesten, kleine Überraschungen, gemeinsame Zeit und Rituale, **wie zugetan sie sich sind** – und wie sehr sie ihre Partnerschaft wertschätzen.

…**fühlen sich in ihrer Beziehung gleichberechtigt** – emotional genauso wie in Bezug auf ihre Alltagspflichten und -rechte.

…haben oft ein **ähnliches Wertesystem** – sind sich also in grundsätzlichen Überzeugungen, was zum Beispiel Treue, Ehrlichkeit oder Freiheit angeht, einig.

Der amerikanische Paarforscher Dr. John Gottman ist mit seinen Studien über das Beziehungsglück weltweit bekannt geworden. In seinem »Love Lab«, das im Deutschen meist als »Liebeslabor« übersetzt wird, untersuchte er zigtausend Paare und deren Beziehungsqualität.[3]

Du kannst Dir dieses »Love Lab« im Grunde wie ein ganz normales Hotelzimmer vorstellen: Hier checkten zwei Partner für 24 Stunden ein und taten dann all das, was sie an jedem anderen, ganz gewöhnlichen Tag tun würden – Gespräche über Alltagsdinge führen, sich möglicherweise über Konfliktthemen austauschen, Zeitung lesen, zärtlich zueinander sein (oder auch nicht)… Mit dem einzigen Unterschied, dass Kameras in dem Zimmer installiert waren, die Bild und Ton aufnahmen, und die Herzfrequenz der Teilnehmer während des gesamten Aufenthalts gemessen wurde. Zusätzlich wurden die beiden in einem Interview noch gebeten, gemeinsam ein paar Fragen zu ihrer Partnerschaft zu beantworten.

Mithilfe der so gewonnenen Informationen analysierten Gottman und sein Team von der University of Washington anschließend die Art und Weise, wie die Paare miteinander interagierten. Und sie fanden heraus, dass sie mit über neunzigprozentiger Gewissheit (!) vorhersagen konnten, welche der

---

3 *Gottman, John*: Die 7 Geheimnisse der glücklichen Ehe. Ullstein Taschenbuch, 2014.

untersuchten Partnerschaften halten und welche zerbrechen würden – und das, während die Paare noch verliebt waren oder sich zumindest in einer stabilen Beziehung wähnten! Denn, so Gottman, es gab in den Interaktionsmustern der Paare bereits in einem sehr frühen Stadium ihrer Partnerschaft bestimmte Hinweise darauf, dass ihre Verbindung später einmal scheitern könnte. Das findest Du bestimmt auch etwas unheimlich, oder? Deshalb lass uns schnell schauen, anhand welcher Anzeichen diese Prognose den Wissenschaftlern gelang:

Paare, deren Beziehungen mit großer Wahrscheinlichkeit scheitern werden ...

... machen im Rahmen von Konflikten **sarkastische und abwertende Kommentare** dem anderen gegenüber. Beim Streitthema »Hausarbeit« reagiert ein Partner also beispielsweise sofort scharf mit: »... oder besser gesagt, das *Fehlen* deiner Hausarbeit!«

... **zeigen** die »vier apokalyptischen Reiter«. Für diesen Begriff in Beziehungen ist Gottman besonders bekannt geworden. Gemeint sind die vier Verhaltensweisen **Kritik, Verachtung, Rechtfertigung und Mauern,** die in Konfliktsituationen zum Tragen kommen (und Konflikte gibt es auch in der glücklichsten Beziehung). Kritik sieht beispielsweise so aus, dass vor allem in negativen Verallgemeinerungen gesprochen wird (»*immer* kommst du zu spät«, »*nie* gibst du dir Mühe«), Verachtung äußert sich oft durch zynische Kommentare (»Ja, ja, du bist sowieso die Schlauste«). Um sich zu rechtfertigen, geht dann einer von beiden Partnern (oder auch beide) in die Verteidigungshaltung oder blockiert den Austausch, indem er schweigt, schmollt oder den Raum verlässt – das nennt Gottman »mauern«.

... überfluten einander regelrecht mit Kritik, Verachtung oder Rechtfertigung – das bedeutet, dass die apokalyptischen Reiter so häufig und so intensiv vorkommen, dass wenig Raum für anderes bleibt.

... zeigen körperliche Stressreaktionen während einer Diskussion. Reagiert der Körper auf ein Problemgespräch mit dem Partner mit Herzklopfen und Schweißausbrüchen, sind die eigenen Handlungsmöglichkeiten bereits stark eingeschränkt. Das Gehirn schaltet dann auf »Notfallprogramm« um – und das führt meist wiederum zu einem der vier apokalyptischen Reiter.

... scheitern bei dem Versuch, einen Konflikt – zum Beispiel durch Humor – aufzulockern. Während einer von beiden versucht, einen Scherz zu machen, um einem Konflikt die Schärfe zu nehmen, zeigt sich der andere also weiterhin beleidigt, aggressiv oder entzieht sich dem Gespräch.

... erinnern sich eher an die negativen als an die positiven Aspekte ihrer gemeinsamen Geschichte und ihrer Beziehung. Anstatt das erste romantische Date in allen schönen Details zu schildern, würde einer von beiden zum Beispiel erst einmal erzählen, dass der andere an besagtem Abend eine halbe Stunde zu spät ins Restaurant kam: »Schon am ersten Abend hast du mich warten lassen – tja, du warst damals schon respektlos und bist es heute noch.«

Schau Dir die beiden Aufzählungen über »Glückliche Paare« und »Paare, deren Beziehungen mit großer Wahrscheinlichkeit scheitern werden« jetzt bitte noch einmal im Vergleich an: Was fällt Dir auf?

Auf der einen Seite sind da die glücklichen Paare, die respektvoll miteinander umgehen, auch im Streit miteinander verbunden bleiben, Verständnis füreinander haben und sich gegenseitig nicht zu verändern versuchen. Auf der anderen Seite stehen die, die im Rahmen von Konflikten sarkastisch und abwertend werden, sich gegenseitig kritisieren und mit Verachtung strafen. Da drängt sich einem der Eindruck auf, dass bereits die *Grundstimmung* zwischen dem ersten und dem zweiten Paar auf einer ganz fundamentalen Ebene vollkommen unterschiedlich ist, oder? Es scheint – auch, wenn Gottmans Ergebnisse sich in erster Linie auf das Verhalten in *Konfliktsituationen* beziehen – eigentlich um viel mehr zu gehen als nur ums »richtige Streiten«. Und ja, tatsächlich kommt auch Gottman zu diesem Schluss: »Als ich herausbekam, wie man eine Scheidung vorhersagen konnte, dachte ich, ich hätte den Schlüssel zur Bewahrung von Ehen gefunden. Ich meinte, dass man den Menschen nur beibringen müsse, wie man diskutierte (...). Doch wie so viele Experten vor mir hatte ich unrecht.« Das wirkungsvollste Gegenmittel gegen all die negativen Muster, so stellte Gottman nämlich schließlich fest, sei nicht etwa, Paaren das richtige Streiten beizubringen – sondern stattdessen »die Freundschaft zu stärken, die das Herz einer jeden Ehe« darstellt. Denn erst, wenn man das täte, verändere sich die Grundstimmung zwischen zwei Menschen wirklich. Gottman nennt es »Freundschaft« – meint damit aber im Grunde das Gleiche, was ich hier als den liebevollen Blick aufeinander bezeichnen möchte.

Auf Basis dieser Erkenntnis entwickelte Gottman dann auch seine sogenannte »5 zu 1«-Regel, die bedeutet, dass man jedes einzelne negative Verhalten seinem Partner gegenüber mit mindestens fünf positiven Aktionen ausgleichen sollte. Also einmal

Kritik, fünfmal Lob. Oder einmal Unaufmerksamkeit, fünfmal Interesse, um so immer wieder »freundlich« aufeinander zuzugehen.

Ich weiß nicht, wie es Dir geht, aber in meinen Ohren klang die Sache mit dem Zählen immer sehr theoretisch, auch wenn sie mit Sicherheit funktioniert! Ich bevorzuge also einen anderen Weg, die Grundstimmung zwischen Dir und Deinem Partner zu verändern, ohne dass Du dafür gedanklich eine Strichliste führen musst. Er besteht darin, dass Du Deinen Partner jederzeit als Deinen Verbündeten betrachtest und niemals als »Gegner« (was ein hartes Wort zu sein scheint, aber viele Paare kennen das Gefühl tatsächlich). Dass Du auf Deinen Partner als Weggefährten und liebsten Begleiter durch Dein selbstbestimmtes, glückliches Leben blickst – und nicht als denjenigen, der dafür verantwortlich ist, dass es Dir gut geht. Und dass Du Dir klarmachst: Du selbst bist aus freien Stücken an seiner Seite und nicht von ihm abhängig. Denn wenn Dir dieser Perspektivwechsel gelingt, wird es plötzlich viel wahrscheinlicher, dass ...

... Du automatisch **auch im Streit mit Deinem Partner verbunden** bleibst.

... Du **Interesse** an den Dingen, Menschen und Themen, die Deinem Partner wichtig sind, zeigst.

... Du Dich Deinem Partner **öffnest und anvertraust.**

... Ihr viel und auf **respektvolle, wohlwollende Art und Weise** miteinander **kommuniziert**.

... Ihr **Verständnis füreinander** habt und Eure Schwächen und Macken akzeptiert.

… Ihr **nicht versucht, einander zu verändern.**

… Ihr **ehrlich zueinander** seid.

… Ihr **ein gemeinsames Wir genauso lebt wie zwei.**

… Ihr einander durch aufmerksame **Gesten, durch kleine Überraschungen,** gemeinsame Zeit und lieb gewonnene Rituale immer wieder zeigt, wie zugetan Ihr Euch seid.

… Ihr Euch in Eurer Beziehung **gleichberechtigt fühlt.**

Viele Paare kennen den liebevollen Blick aufeinander aus der Anfangsphase ihrer Beziehung, in der sie noch so verliebt waren, dass sie einfach alles aneinander toll fanden. Doch den meisten geht er nach allerspätestens zwei Jahren verloren. Wie kommt das? Und warum schaffen wir es nicht, auch über das Verliebtheitsstadium hinaus zumindest ähnlich offen, großherzig und wohlwollend zu bleiben?

Du ahnst es schon: An dieser Stelle kommt die »Ich-Ebene« des Beziehungsglücks ins Spiel. Denn sie ist dafür verantwortlich, wie gut es Dir gelingt, Deinen Partner dauerhaft als Verbündeten und Weggefährten zu betrachten und die vier apokalyptischen Reiter dadurch zu vermeiden. Ich würde also vorschlagen, dass wir nun schnell zum nächsten Kapitel kommen!

Übrigens: »Stopp, stopp, stopp!«, wirst Du jetzt vielleicht denken, »Freunde sein, der liebevolle Blick – aber was ist denn mit all den Dingen, die man sonst immer so hört? Ist Sex nicht der ultimative Kitt zwischen Liebenden? Und gesellt sich nicht einfach Gleich und Gleich gern? Und Humor! Auf den kommt es doch an! Oder?«

Ja, all diese Aspekte können natürlich zu einer glücklichen Partnerschaft beitragen – aber, und das ist das Entscheidende: Sie sind im Vergleich zu dem, was ich gerade beschrieben habe, eben nicht so ausschlaggebend.

Zwei Menschen können zum Beispiel noch so viele gemeinsame Hobbys und Interessen haben, aber wenn sie es nicht schaffen, respektvoll und wohlwollend miteinander umzugehen und sich jeden Tag neu mit liebevollen Augen zu betrachten, wird das für ihre Beziehung leider nicht (ausreichend) viel bringen.

Zusammen lachen ist super und hilft dabei, Differenzen leichter zu überstehen. Eine Zutat des Beziehungsglücks ist das Lachen aber genau deshalb nur dann, wenn es darum geht, gemeinsam auch über sich als Paar und sich selbst lachen zu können. Das bringt Unbeschwertheit und Leichtigkeit in die Beziehung. Nicht so wirksam ist hingegen, wenn wir zwar über denselben Kinofilm lachen, aber später einer von uns schmollend in der Ecke sitzt, weil er wieder mal nicht auf sein Ticket und Popcorn eingeladen wurde.

Und Sex. Tja, damit fürchte ich nun viele Leser zu enttäuschen. Aber Sex zählt erwiesenermaßen nicht zu den Faktoren, die zwei Menschen zu einer glücklichen Partnerschaft verhelfen. Wie die großartige Paartherapeutin Sandra Konrad es so schön auf den Punkt bringt: »Fakt ist: Gute Paare haben schlechten Sex. Stabile Paare haben gar keinen Sex. Glückliche Paare haben wenig Sex. Glückliche Paare haben viel Sex. Unglückliche Paare haben viel Sex. All diese Aussagen – so widersprüchlich sie auch sein mögen – stimmen.«[4] Allerdings, und das macht es vielleicht wieder ein bisschen wett, spielt die Körperchemie bei der Auswahl des Partners durchaus eine Rolle: Denn nur, wen

---

4 *Konrad, Sandra:* Liebe machen. Piper Verlag, 2016. S. 181.

wir »gut riechen« können, finden wir in den meisten Fällen überhaupt attraktiv. Als tragende Säule für eine erfüllte Beziehung ist die Biologie allein aber dennoch nicht stabil genug.

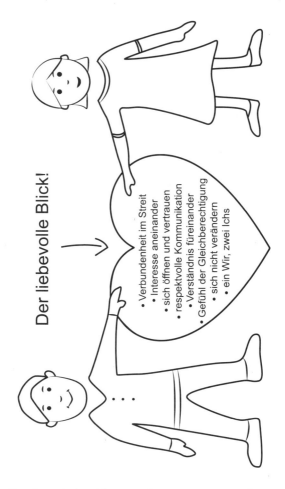

Beziehungsglück auf der »Wir-Ebene«: Die Zusammenfassung

Was glückliche Beziehungen ausmacht: die Ich-Ebene

»Haben glückliche Paare ein Erfolgsrezept?
Eindeutig Ja. Es sind ihre Erwartungen und
Einstellungen gegenüber dem Partner.«

Dr. Doris Wolf
(Psychologin)

Ist beim Lesen der letzten Seiten irgendein Bild vor Deinem inneren Auge entstanden? Diese zwei Menschen, die als Paar eine gute Grundstimmung haben, sogar im Streit noch respektvoll miteinander umgehen, die nicht versuchen, sich gegenseitig zu verändern, und liebevoll aufeinander blicken – wie sehen die aus? Schau ihnen mal ins Gesicht: Lächeln sie? Welchen Ausdruck siehst du in ihren Augen? Ähneln sie vielleicht irgendwem aus Deinem Umfeld? Oder würdest Du sie gern mal kennenlernen? Falls ja, warum? Denkst Du, Du würdest Dich in ihrer Nähe wohlfühlen? Wie muss man ganz grundsätzlich wohl sein, damit man dem Partner, selbst wenn es mal einen Konflikt gibt, zugetan bleiben kann und nicht gekränkt ist? Damit man nicht zu sticheln braucht, sondern klar und direkt zu seinen Bedürfnissen steht – aber auch nicht beleidigt ist, wenn der andere sie einem mal nicht erfüllt?

Eine der aufschlussreichsten und besonders gut verständlichen Untersuchungen zu diesen Fragen stammt von der Universität Hamburg: Dort konnte die Psychologin Julia Peirano mithilfe einer Studie an fast 600 Personen belegen, dass es im Wesentlichen lediglich drei (!) Fähigkeiten sind, die Menschen in glücklichen Beziehungen kennzeichnen und von anderen unterscheiden. Diese drei Eigenschaften passen zu den Erkenntnissen über die Wir-Ebene und zum liebevollen Blick wie ein Schlüssel ins Schloss. Das ist nicht überraschend, aber eine tolle Bestätigung.

(1) Menschen, die eine glückliche Beziehung führen, zeichnen sich besonders häufig durch die Fähigkeit aus, Konflikte und Meinungsverschiedenheiten innerhalb ihrer Partnerschaft mit **Gelassenheit** überstehen zu können.[5]

Was bedeutet: Diese Menschen lassen sich durch eine Kritik des Partners nicht so schnell aus der Bahn werfen – weshalb sie gar nicht erst mit Sarkasmus oder abwertenden Kommentaren darauf zu reagieren brauchen. Das gelingt ihnen, da sie einen guten Selbstwert besitzen und sich nicht gleich persönlich und im Kern angegriffen fühlen, wenn ihr Gegenüber mal schlechte Laune hat oder anderer Meinung ist als sie. Sie überlegen stattdessen, ob ihr Partner vielleicht viel Stress bei der Arbeit hatte oder ihm irgendeine andere Laus über die Leber gelaufen sein könnte. Durch diese Einstellung ist es für sie viel leichter, selbst im Rahmen einer (durchaus auch mal lautstarken oder aufbrausenden) Diskussion ihrem Partner zugewandt zu bleiben und bisweilen auf Auseinandersetzungen mit liebevollem Humor zu reagieren, à la: Komm, es ist doch alles gut, und wir finden zusammen einen Weg.

---

[5] Vgl. *Peirano, Julia/Konrad, Sandra:* Der geheime Code der Liebe. Ullstein (2. Auflage, 2014), S. 261.

Wer so gestrickt ist, kann außerdem ganz entspannt damit umgehen, wenn er vom Partner (zum Beispiel, nachdem die erste Verliebtheit verflogen ist) nicht mehr jeden Tag ein »Ich liebe dich« oder »Du fehlst mir« zu hören bekommt. Denn er oder sie macht nicht den Partner dafür verantwortlich, dass es ihm gut geht, weil er schon von ganz allein (also auf der Ich-Ebene) davon überzeugt ist, gut und liebenswert zu sein, so wie er eben ist.

Menschen, die diese Art von Gelassenheit besitzen, könnte man auch als *emotional stabil, wenig empfindlich* und *in sich gefestigt bezeichnen*. Im Alltag sind sie häufig diejenigen, von denen Du vielleicht sagen würdest, dass sie irgendwie »in sich ruhen«, »Souveränität ausstrahlen« (ohne dabei überheblich zu sein) oder »durch nichts so leicht aus dem Konzept zu bringen sind«.

(2) Menschen, die eine glückliche Beziehung führen, zeichnen sich besonders häufig durch die Fähigkeit aus, **Konflikte positiv zu bewältigen.**

Da haben wir ihn wieder, den konstruktiven Umgang mit Konflikten – aber diesmal als Persönlichkeitsmerkmal auf der Ich-Ebene. Denn Menschen, die auch im Rahmen einer heftigen Auseinandersetzung mit ihrem Partner fair und kommunikativ »über der Gürtellinie« bleiben, besitzen diese Fähigkeit nicht etwa deshalb, weil ihr Partner sie nie ärgert, sondern eher, weil sie sich durch Konflikte nicht in ihrem Selbstwert verletzt oder angegriffen fühlen. Sie wissen nämlich ziemlich genau, wer sie sind, warum sie eine bestimmte Meinung vertreten und dass es um die Sache geht (und nicht um die Frage, wie liebenswert sie sind).

Solche Menschen sind sich außerdem jederzeit darüber im

Klaren, dass sie freiwillig und aus Liebe in ihrer Beziehung sind und nicht, weil sie sich aus Angst vor dem Alleinsein vom Partner abhängig fühlen. Entsprechend groß ist ihre Bereitschaft, gemeinsam an einem Strang zu ziehen, ohne sich alles gefallen zu lassen. Menschen, die Konflikte auf diese Weise bewältigen, hegen keinen Groll gegen ihren Partner, weil sie »um des Friedens willen klein beigegeben« haben oder sich »untergebuttert fühlen«. Denn sie leben selbstbestimmt und nehmen den Partner als Gefährten auf der Suche nach einer glücklichen, für beide erfüllenden Beziehung wahr.

(3) Menschen, die eine glückliche Beziehung führen, zeichnen sich besonders häufig durch die Fähigkeit aus, **Vertrauen zu fassen.**

Das bedeutet: Sie können sich ihrem Partner gegenüber öffnen, Nähe zulassen, Liebe geben und annehmen, Geborgenheit fühlen und sich fallen lassen – anstatt andauernd misstrauisch zu sein, ob sie nicht enttäuscht, betrogen oder verletzt werden. Und auch, wenn man nun erst mal annehmen könnte, dass die Frage, ob einem die Sache mit dem Vertrauen gelingt, vor allem damit zusammenhängt, wie treu beziehungsweise ehrlich der Partner ist, so ist das in Wahrheit viel zu kurz gegriffen. Denn auch hier gilt wieder: Wer auf der Ich-Ebene die Fähigkeit besitzt, Vertrauen zu fassen, wird mit großer Wahrscheinlichkeit einen Partner auswählen, der dieses Vertrauen auch wirklich verdient hat. Wohingegen jemand, der mit einem Menschen liiert ist, der sein Vertrauen immer wieder enttäuscht (und sich dennoch nicht trennt), vermutlich grundsätzlich Probleme damit hat, Vertrauen zu fassen. Klingt seltsam? Um es Dir genau zu erklären, muss ich ein ganz kleines bisschen weiter ausholen:

Für die Fähigkeit eines Menschen, Vertrauen zu fassen, spielt das, was man in der Psychologie den »Bindungsstil« einer Person nennt, eine ganz wichtige Rolle. Gemeint ist damit die Art und Weise, wie man sich an einen (potenziellen) Partner bindet beziehungsweise leider auch nicht. Unterschieden werden ganz grob zwei Arten von Bindungsstilen: die **sicher gebundenen und die unsicher gebundenen** Menschen. Wobei diese Unsicherheit entweder in einem **ängstlich-vermeidenden** oder einem **anklammernden** Verhalten zum Ausdruck kommen kann.

– Jemand, der einen **sicheren Bindungsstil** hat, geht erst einmal davon aus, dass Menschen, die ihm nahestehen, es gut mit ihm meinen. Ihm fällt es deshalb relativ leicht, Nähe zuzulassen, sich so zu zeigen, wie er ist – aber auch zu erkennen, wenn sein Gegenüber es vielleicht doch nicht so gut mit ihm meint, und dann die entsprechenden Konsequenzen zu ziehen (also sich zu trennen oder gar nicht erst auf eine Beziehung einzulassen). Je nachdem, welcher Statistik man vertraut, haben in Deutschland rund 50 bis 60 Prozent der Menschen einen sicheren Bindungsstil.

– Im Unterschied dazu fällt es Frauen und Männern, die einen unsicheren und dabei **ängstlich-vermeidenden Bindungsstil** haben, schwer, überhaupt jemanden an sich heranzulassen. Zu groß ist ihre (oft unbewusste) Sorge, verletzt zu werden. Sie wechseln zum Beispiel

> von einer Liaison in die nächste oder verlieben sich immer wieder in jemanden, der unerreichbar ist (verheiratet oder gar nicht an ihnen interessiert).
>
> – Anders sieht es bei denjenigen aus, die zwar auch unsicher, aber dabei **anklammernd** sind: Sie geben sich ihrem Partner schnell mit Haut und Haaren hin, sind oft eifersüchtig und vereinnahmend. Sie trennen sich selbst dann nicht, wenn sie eigentlich längst spüren, dass ihr Partner sie nicht gut behandelt. Denn die Hoffnung, dass er ihnen vielleicht doch noch die Liebe und Sicherheit gibt, die sie so sehr brauchen, stirbt einfach zuletzt.

Seinen Bindungsstil sucht sich nun niemand freiwillig aus, er entsteht schon in unserer Kindheit. Und zwar bereits in einer Zeit, an die Du Dich vermutlich gar nicht mehr erinnern kannst: die ersten drei Lebensjahre sind dafür entscheidend. Das klingt jetzt vielleicht erst mal ein bisschen verrückt, ist aber nachgewiesen.

Es funktioniert so: Je nachdem, wie angemessen unsere engsten Bindungspersonen (meist ist das die Mutter beziehungsweise sind es die Eltern, es können aber natürlich auch Großeltern, eine Nanny oder andere nahestehende Menschen sein) in diesen drei Jahren auf unsere emotionalen Bedürfnisse wie Angst, Bedrohung, Schmerz oder den Wunsch nach Körperkontakt reagiert haben, wie sehr sie uns also Nähe, Schutz und Trost gespendet, uns versorgt haben und wir uns auf sie verlassen konnten, haben wir gelernt, Vertrauen zu fassen – in andere und auch in uns selbst. Hm, könnte man meinen, da kann ja nicht viel schiefgehen, wenn man Eltern hatte, die einen lieben – oder? Dass es leider aber doch etwas komplizierter ist, wird Dir sofort klar, wenn Du überlegst, wie unterschiedlich ein und dieselbe Situation sich aus der Perspektive eines Erwachsenen und eines Babys jeweils darstellt:

Die Mutter, die in der Küche steht und kocht, während der Säugling nebenan im Bettchen liegt und schreit, weiß, dass ihr Kind in Sicherheit ist. Sie ist schließlich nur ein paar Schritte entfernt, das Kind ist nicht krank, es hat gerade noch getrunken, und die Temperatur im Raum ist prima. Das Baby jedoch hat noch keinerlei Vorstellung davon, dass es so etwas wie Räume überhaupt gibt! Geschweige denn davon, dass seine Mutter ganz nah ist. Kann es sie also nicht mehr sehen oder hören und bekommt Angst, wächst diese sich schnell zu echter Panik aus. Denn das Baby wähnt sich allein und weiß nicht, ob seine Mutter jemals wiederkommen wird – während sein Überleben direkt von ihr abhängt.

Macht ein Säugling oder Kleinkind nun mehrfach die Erfahrung, dass sein Bedürfnis in einer solchen oder einer ähnlichen Situation nicht befriedigt wird, dann kann das leider dazu führen, dass seine Mitmenschen ihm auch in Zukunft immer unzuverlässig erscheinen. Als Erwachsener hat er dann zum Beispiel Angst vor Nähe oder vor dem Verlassenwerden und kann nur schwer Vertrauen fassen. Eltern, die auf die Grundbedürfnisse ihres Kindes nicht mit dem nötigen Verständnis und Feingefühl reagieren, trainieren den Kleinen diese außerdem regelrecht ab. Denn wenn ein Kind immer wieder erlebt, dass ausgerechnet die Menschen es nicht ernst nehmen, denen es in seinen ersten Lebensjahren zutraut, alles auf dieser Welt richtig zu machen, dann zweifelt es nicht etwa an ihnen – sondern an seinen eigenen Gefühlen und seinem eigenen Wert! Es hat den

Eindruck, dass mit ihm etwas nicht o. k. ist und es nicht verdient, gut behandelt zu werden. Im Erwachsenenalter kann das dazu führen, dass diese Person sich innerlich oft leer, nicht mit sich selbst verbunden fühlt oder sich auf Partner einlässt, die ihr emotional nicht guttun. Ganz schön traurig.

Aber die gute Nachricht ist: Auch wenn es nach psychologischen Erkenntnissen vor allem die Menschen mit einem sicheren Bindungsstil sind, die über die besten Voraussetzungen für eine glückliche Beziehung verfügen, gibt es auch für alle anderen Hoffnung. Denn es gibt durchaus Möglichkeiten, wie Du noch heute solche Versäumnisse aus deiner Kindheit wiedergutmachen kannst. Auch hier spielt Dein eigener Selbstwert eine große Rolle sowie das Gefühl, Deinem Partner auf Augenhöhe zu begegnen. Im dritten Teil von »Goodbye Beziehungsstress« werden viele Übungen Dich auf diesem Weg unterstützen.

Das war jede Menge Input, ich weiß. Deshalb möchte ich jetzt alles noch einmal kurz zusammenfassen:

Damit zwei Menschen auf der Wir-Ebene miteinander glücklich sein können, ist es wichtig, dass sie neben Liebenden auch »Freunde« sind, einen liebevollen Blick aufeinander haben und so beispielsweise die vier apokalyptischen Reiter vermeiden. Die Chance, dass ihnen das gelingt, steht dann besonders gut, wenn die Partner die drei Eigenschaften Gelassenheit, positive Konfliktbewältigung und Vertrauensfähigkeit auf der Ich-Ebene bereits in sich tragen. Bestimmt hast Du bemerkt, dass verschiedene Formulierungen und Begriffe im Zusammenhang mit diesen drei Eigenschaften auf den letzten Seiten immer wieder aufgetaucht sind: Menschen, die gelassen sind, Konflikte positiv bewältigen und vertrauen können, verfügen über diese drei Fähigkeiten zu großen Teilen deshalb, weil sie »mit sich selbst im Reinen« sind, auch unabhängig von ihrer Partnerschaft »ein zufriedenes Leben« führen, »wenig Rückversicherung durch den Partner benötigen«, »für die eigenen Bedürfnisse sorgen«, »emotional stabil und gefestigt« sowie »nicht empfindlich« sind, »sich selbstbestimmt fühlen« – und allen voran einen »guten Selbstwert« besitzen.

Denn logisch (und dazu kommen wir gleich noch ausführlich): Wer all das bereits in sich trägt, muss seinen Partner nicht mehr für diese Dinge – und damit für sein eigenes Glück – verantwortlich machen. Wodurch er viel mehr Respekt, Wohlwollen und Verständnis für seinen Liebsten aufbringen kann, und zwar selbst im Konflikt. Oder wie die Psychologin Dr. Doris Wolf es so schön auf den Punkt bringt: »Haben glückliche Paare ein Erfolgsrezept? Eindeutig Ja. Es sind ihre Erwartungen und Einstellungen gegenüber dem Partner.«

Hier also nun ein kleines Update unserer Grafik. So sehen sie aus, die beiden Menschen, die »gut« in Beziehungen sind und eine glückliche Partnerschaft führen:

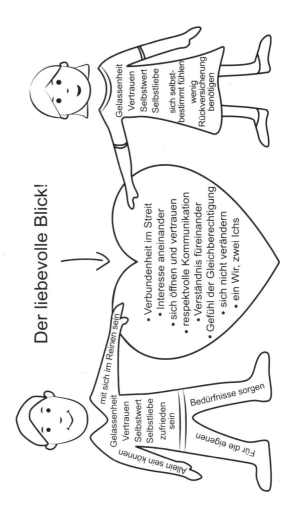

Beziehungsglück auf der Ich- und der Wir-Ebene: Die Zusammenfassung

Was all das mit den zehn Irrtümern des Beziehungsglücks zu tun hat

>*»Glück ist das Einzige,
das sich verdoppelt,
wenn man es teilt.«*
>
>Albert Schweitzer
>(Arzt & Philosoph)

Mit Laura, Falko, Tommy und vielen anderen sind Dir im ersten Teil von »Goodbye Beziehungsstress« eine Reihe von Frauen und Männern begegnet, deren Beziehungen nicht glücklich waren. Im zweiten Teil hast Du gerade die beiden Menschen kennengelernt, die dagegen schon auf der Ich-Ebene die besten Voraussetzungen haben, eine glückliche Partnerschaft zu führen. Und jetzt sag mal: Sind Dir schon die Unterschiede zwischen den Menschen aus Teil eins und den Menschen aus Teil zwei aufgefallen? Oder anders gefragt: Denkst Du, jemand, der *gelassen* und *selbstbewusst* ist, der *seine eigenen Bedürfnisse kennt, ernst nimmt, gut zu sich ist*, der sein *Leben so gestaltet*, dass er theoretisch auch ohne Partner *ganz zufrieden* wäre, und dem es außerdem nicht schwerfällt zu *vertrauen*, würde ...

... mit seinem Partner in *Hättest-Könntest-Müsstest-Solltest*-Botschaften sprechen, um ihn zu verändern? Sticheln und kritisieren, so wie Laura es tat?

… seinem Partner *Du-gehörst-zu-mir-Ketten* anlegen, um damit seine eigene Verlustangst und Unsicherheit in Schach zu halten?

… wie Tommy glauben, dass er *immer alles mit seinem Partner zusammen machen* müsste – unabhängig davon, ob das überhaupt seinen eigenen Hobbys und Interessen entspricht?

… *Luftschlösser bauen*, sobald er eine neue Bekanntschaft macht, weil er sich so sehr nach Zweisamkeit sehnt – ohne überhaupt abzuwarten, wie gut die- oder derjenige wirklich zu ihm passt?

… auf die *Liebe-Leistungs-Verwechslung* hereinfallen und sich über die eigenen Grenzen hinweg verausgaben, um jemandem zu gefallen, wie bei Schorsch?

… sich seinen wechselnden Partnern wie ein *Chamäleon* angleichen?

… wie Tilo den *Heiligen Beziehungsgral suchen*, aus lauter Sorge, sein Leben würde durch einen nicht-perfekten Partner komplett auf den Kopf gestellt?

… lieber *zweisam einsam*, als Single sein – selbst, wenn er wie Anna von seinem Partner schlecht behandelt würde?

… von seinem Partner erwarten, dass er die eigenen *Gedanken lesen* kann? Und würde es ihm außerdem schwerfallen, für seine eigenen Wünsche, Interessen und Sehnsüchte offen einzustehen, was bei Daniel zutraf?

… **seinen *Partner sogar regelrecht dafür verantwortlich machen, dass er selbst glücklich* ist?**

Deine Antwort lautet mit großer Wahrscheinlichkeit gleich zehnmal: Nein. Wodurch dieser Mensch sich und seiner Partnerschaft, wie wir jetzt gelernt haben, nicht nur viel Stress, Missverständnisse und Konflikte ersparen würde, sondern den Kopf vor allem erst richtig frei für einen liebevollen Blick auf seinen Partner hätte! Er bräuchte ihn nicht durch den grauen negativen Schleier seiner eigenen Ängste, seiner Unsicherheit oder Eifersucht zu betrachten, sondern könnte den Menschen erkennen, den er tatsächlich vor sich hat.

Ein Beispiel: Laura kritisierte Falko immer wieder fürs exzessive Computerspielen, weil *sie* etwas von Falko wollte – nämlich, dass er für *sie* da war, weil *sie* allein weniger Spaß an ihren Hobbys hatte und weil *sie* sich den Mann an ihrer Seite eben anders vorgestellt hatte. Angenommen, diese Erwartungen wären plötzlich weg – weil Laura ihren Hobbys auch allein mit Freude nachginge und das Selbstbewusstsein entwickeln würde, dass der Mann an ihrer Seite nicht in irgendein Schema passen muss – dann könnte sie ganz neu auf Falkos Spieltrieb schauen und würde vielleicht feststellen, dass sie es eigentlich liebenswürdig findet, wenn jemand sich auch im Erwachsenenalter noch einen kindlichen Anteil bewahrt. Und wie schön es ist, dass Falko trotz seines ernsthaften Berufs als Anwalt auch ganz viel Fantasie hat. Und selbst, wenn das nicht zuträfe, so hätte sie auf diese Weise doch zumindest die Möglichkeit, frei zu entscheiden, was ihr an einem anderen Menschen gefällt und was nicht. Ohne dabei von ihren eigenen Problemen, Ängsten und Unsicherheiten geleitet zu werden.

Nun habe ich Dir im ersten Teil nicht nur all diese Menschen vorgestellt, sondern Dir vor allem versprochen, dass die Sache mit dem Beziehungsglück für Dich endlich unkompliziert und viel einfacher werden wird. Auf dieses Versprechen möchte ich jetzt zurückkommen. Was hielt Laura, Falko, Tommy und die die anderen eigentlich davon ab, einfach *gelassen* und *selbstbewusst* zu sein, ihre *eigenen Bedürfnisse zu kennen und ernst zu nehmen, gut zu sich selbst zu sein* und ihr *Leben so zu gestalten*, dass sie theoretisch auch ohne Partner *zufrieden* und *mit sich im Reinen* sind, um so schon auf der Ich-Ebene das Beste für ihr

Beziehungsglück auf der Wir-Ebene zu tun? An dieser Stelle schließt sich der Kreis: Was all diese »Fälle« davon abhielt, war schlichtweg die Tatsache, dass sie – geprägt durch ihre Kultur und ihre Erziehung – fest daran glaubten, all das bei einem Partner finden zu können! Sie dachten, er könne ihnen Selbstwert geben. Es sei seine Aufgabe, dafür zu sorgen, dass sie vertrauen. Er sollte ihnen Gelassenheit vermitteln, ihre Bedürfnisse erfüllen und sie glücklich machen. Auf diese Weise suchten sie die ganze Zeit an der falschen Stelle! Und kamen erst gar nicht auf die Idee, dass sie damit nicht nur ihrer Partnerschaft schadeten, sondern logischerweise auch verhinderten, Selbstwert, Vertrauen, Gelassenheit und Selbstliebe dort zu finden, wo sie auch wirklich zu finden waren: bei sich selbst. Sie gingen den vermeintlich leichteren Weg, aber bezahlten dafür am Ende einen hohen Preis.

Wenn auch Du – und entschuldige, wenn ich mich hier schon wieder wiederhole – gelassener, selbstbewusster, vertrauensvoller und besser zu Dir selbst werden möchtest, dann ist der entscheidende Schritt also, dass Du aufhörst, an Irrtum #10 des Beziehungsglücks zu glauben: daran, dass Dein Partner Dich glücklich machen soll! Denn so vermeidest Du nicht nur automatisch auch die anderen Irrtümer des Beziehungsglücks, sondern gibst Dir selbst überhaupt erst die Möglichkeit, dauerhaft liebevoll auf Deinen Partner zu blicken. Lass uns kurz vor dem Ende dieses Theorieteils meine These über das Beziehungsglück nicht nur bestätigen, sondern sie noch mit einer kleinen Ergänzung versehen:

> Die meisten Beziehungsprobleme entstehen erst dadurch, dass wir von einem Partner erwarten, dass er uns glücklich machen soll – und kann. Erst, wenn wir aufhören, unseren Partner für unser eigenes Glück verantwortlich zu machen und es selbst in die Hand nehmen, sind wir in der Lage, wirklich gute, stabile und glückliche Beziehungen zu führen. Denn erst dann kann es uns gelingen, gelassen, selbstbewusst und vertrauensvoll zu sein und dadurch einen liebevollen Blick nicht nur auf uns selbst, sondern auch auf unseren Partner zu entwickeln und zu bewahren.

Du kannst Dir gar nicht vorstellen, wie unglaublich gern ich Dich gerade sehen und hören würde, um von Dir zu erfahren, wie Du Dich fühlst und was Dir durch den Kopf geht. Denn wie ich Dir am Ende Deines Selbst-Checks zu den zehn Irrtümern des Beziehungsglücks versprochen habe, steht erst jetzt die Entscheidung an, ob ich Dich überzeugen konnte und Du nun Lust hast, etwas für Dich und Dein Beziehungsglück zu tun. Und weil ich Dir so sehr wünsche, dass Du gleich nicht nur zum dritten Teil von »Goodbye Beziehungsstress« umblättern wirst, sondern außerdem auch wirklich motiviert bist, die Methode und die Übungen, die ich Dir vorstellen werde, ganz praktisch umzusetzen, möchte ich Dir an dieser Stelle noch von Heike erzählen.

Ich lernte Heike, eine 37-jährige Frau aus der Nähe von Düsseldorf, im Frühjahr 2016 im Rahmen eines TV-Drehs für den WDR kennen. Für eine Dokumentation wollten wir ein knappes Jahr lang drei Menschen durch ihren Liebeskummer begleiten – wobei eine der Betroffenen, Heike, von mir gecoacht wurde. Unser erstes Gespräch fand am Telefon statt. Heike berichtete mir, dass sie seit Wochen unter schwerstem Herzschmerz litt: Sie hatte sich krankschreiben lassen müssen, konnte kaum schlafen, weinte täglich. Sie erzählte mir, dass ihr Ex-Partner sie betrogen und sie ihn daraufhin verlassen habe. Schon in diesem ersten Telefonat wurde klar, dass Heike in ihrem Leben schon mehrfach schweren Kummer mit der Liebe gehabt hatte – und zwar nicht nur nach Trennungen, sondern auch im Verlauf von Beziehungen. Mit ihrem jetzigen Ex-Freund hatte es auch häufig Streit und Probleme gegeben. Noch heute habe ich im Ohr, wie Heike, die eigentlich eine rheinische Frohnatur ist, mit trauriger Stimme zu mir sagte: »Wenn ich ganz, ganz ehrlich bin, dann fühle ich mich schon mein Leben lang abhängig. Nach außen bin ich immer die gut gelaunte und toughe Heike, aber in mir sieht es so vollkommen anders aus. Ich kann ganz schlecht allein sein. Und wenn ich keinen Mann an meiner Seite habe, fühle ich mich richtig wertlos und leer.« Sie seufzte. »Manchmal denke ich, wenn ich das irgendwie überwinden könnte, dann wäre ich das erste Mal in meinem Leben wirklich frei. Auch frei zu entscheiden, welcher Partner gut zu mir passt. Um dann vielleicht wirklich jemanden zu finden, mit dem es mir gut geht.« Damals, das merkte man ihr deutlich an, hielt sie diese Freiheit noch für einen vollkommen unerreichbaren Traum.

Wir arbeiteten zehn Monate lang miteinander, skypten regelmäßig, fuhren sogar ein paar Tage zusammen in ein Hotel im Allgäu, telefonierten viel. Und vor allem nahm Heike all die Dinge, die ich ihr erklärte und sie bat umzusetzen, sehr ernst. Sie machte die Übungen, die ich ihr gab, nahm sich viel Zeit, um über alles nachzudenken, und blieb auch in den Wochen zwischen den Dreharbeiten am Ball. Nach und nach konnte ich und konnten später auch die Fernsehzuschauer beobachten, wie Heike sich verwandelte: Sie entwickelte ein völlig neues Selbstbewusstsein, orientierte sich beruflich um, entdeckte neue Hobbys, ließ alte wiederaufleben, pflegte ihren Freundeskreis intensiver als zuvor, verwirklichte endlich den Wunsch nach einem eigenen Hund und ja, sie schnitt sich, ganz, wie man es erwarten würde, auch die Haare ab – und sah fantastisch aus!

Dass auch ihr Liebeskummer nebenbei verschwand, war gar nicht mehr so wichtig, wie alles, was sich in Heikes Leben sonst noch veränderte. Einmal lernte sie einen neuen Mann kennen, stellte aber schnell fest, dass sie eigentlich gar nicht in ihn verliebt war. »Früher«, sagte sie mir dazu, »wäre ich einfach wieder meinem alten Muster gefolgt – Hauptsache, nicht allein sein. Aber diesmal möchte ich frei bleiben für den Mann, mit dem es sich wirklich gut und richtig anfühlt.«

Kurz bevor der letzte Dreh mit Heike anstand, schrieb sie mir eine Nachricht: »Liebe Elena, die letzten zehn Monate waren so immens wichtig für mich. Es ist sehr viel in mir passiert, und ich habe mich endlich richtig mit mir selbst angefreundet. Es ist so ziemlich das Beste, was mir passieren konnte. Diese innere Ruhe, die ich nie zuvor erlebt habe, ist ein Geschenk. Ich weiß, dass ich erst jetzt endlich bereit bin, wirklich eine glückliche Beziehung zu führen. Ich freue mich so sehr darauf! Danke!«

Einige Übungen, die ich Dir gleich vorstellen werde, habe ich auch mit Heike gemacht – viele jedoch auch nicht, weil uns einfach die Zeit dazu fehlte. Das Paket, das Du nun an die Hand bekommst, ist also noch umfangreicher. Es wird dennoch nicht innerhalb von zwei Tagen wirken, vermutlich auch noch nicht innerhalb von zwei Wochen. Aber innerhalb von zwei Monaten kannst Du ziemlich sicher schon erste Veränderungen an Dir spüren. Und was sind zwei Monate schon im Vergleich zu der Aussicht, endlich die glückliche Partnerschaft zu führen oder zu finden, die Du Dir wünschst?

Übrigens: Falls Du gerade in einer Beziehung bist und Dich nun fragst, wie das eigentlich funktionieren soll, wenn nur Du erkennst, wie wichtig es ist, die Verantwortung für Dein Glück in Deine eigenen Hände zu nehmen, während Dein Partner von alledem gar nichts weiß, dann hast Du zwei Möglichkeiten: Entweder, Du gibst ihm oder ihr »Goodbye Beziehungsstress« auch zum Lesen. Oder aber Du vertraust darauf, dass sich allein durch Deine neue Perspektive bereits viele Dinge zwischen Euch verändern werden: Spätestens nach dem Lesen des dritten Teils wirst Du viele Verhaltensweisen Deines Partners nämlich ganz anders einordnen, nicht mehr so persönlich nehmen und ihn oder sie dadurch automatisch dabei unterstützen, selbst auch gelassener zu werden und destruktive Konflikte zu vermeiden. Inspiriere den Menschen an Deiner Seite, mache ihm Mut und stärke ihn. Kurzum: Betrachte ihn wieder oder mehr denn je mit Deinen wunderschönen liebevollen Augen!

TEIL III

Deine Anleitung zum Zusammen-Glücklichsein

Da bist Du wieder, wie schön! Ich würde Dir jetzt gern symbolisch meine Hand reichen – um Dich von dieser Seite an Schritt für Schritt den Weg entlangzuführen, auf dem Du selbst die Verantwortung für Dein Glück übernimmst, gelassener und selbstbewusster wirst, lernst, Dich lieb zu haben, und erfährst, wie Du besser vertrauen, gut mit Dir allein sein, aber ebenso Nähe zulassen kannst. Sodass es für Dich in Zukunft einfacher wird, einen liebevollen Blick auf Deinen Partner zu haben und diesen auch zu behalten. Hast Du meine Hand ergriffen? Dann lass uns losgehen!

Falls Du »Goodbye Herzschmerz« auch gelesen hast, kennst Du die Methode, die wir auf unserem Weg benutzen werden, bereits: Sie heißt die Glücksherz-Methode, und ich habe sie ursprünglich entwickelt, um Menschen mit Liebeskummer dabei zu helfen, ihren Herzschmerz zu überwinden, aber auch – und das ist wichtig –, um ihn anschließend für die Zukunft zu vermeiden. Und logisch: Eine »Liebeskummer-Vermeidungsmethode« ist von einer »Beziehungsglücksmethode« gar nicht weit entfernt!

Für »Goodbye Beziehungsstress« habe ich die Glücksherz-Methode allerdings in vielen Punkten weiter ausgearbeitet, vertieft und vor allem auf Partnerschaften zugespitzt. Selbst, wenn Du schon weißt, wie sie funktioniert, wirst Du hier also noch mal sehr viel Neues lernen.

Auf den kommenden Seiten wird es immer wieder Momente geben, in denen mir besonders wichtig ist, dass Du spürst, dass ich an Deiner Seite bin. Dann werde ich Deine Hand fest drücken und das mit einem kleinen Symbol einleiten: 🤝 Wann immer Du einen solchen Händedruck wahrnimmst, möchte ich Dir sagen, dass ich Dich verstehe – oder, dass ich hier kurz Deine ganz intensive Aufmerksamkeit brauche.

Die Glücksherz-Methode

Jeder Mensch hat das Bedürfnis, glücklich zu sein – aber jeder von uns versucht auf seine ganz eigene Weise, dieses Ziel zu erreichen. Um herauszufinden, welches Potenzial jemand besitzt, eine glückliche Beziehung zu führen (und wie gefährdet er gleichzeitig ist, Liebeskummer zu erleiden), bitte ich oft die Frauen und Männer, die mir begegnen, ihr ganz persönliches »Glücksherz« für mich zu zeichnen. Ein Glücksherz steht bildlich für die Summe der verschiedenen Glücksquellen, die jemand in seinem Leben besitzt und aus denen er versucht, sein Glück zu schöpfen.

Wenn ich Dir nun zwei Glücksherzen zum Vergleich zeige, bin ich mir sicher, dass Du nach allem, was Du schon gelesen hast und bevor ich Dir die Glücksherz-Methode überhaupt erklärt habe, ganz spontan erkennen wirst, welches der beiden Herzen zu einer Person gehört, die in ihrer Partnerschaft häufig Probleme mit Streit, Enttäuschung, Wut und Liebeskummer hat. Und welches von jemandem stammt, der eine glückliche Beziehung führt. Schau mal hier:

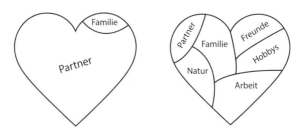

Na? Es ist natürlich nicht schwer zu erraten: Herz A, in dem rund 90 Prozent der Fläche mit Partnerschaft gefüllt sind, gehört zu einer Frau, die zu mir kam, weil sie eine unglückliche Beziehung und eine schmerzhafte Trennung nach der nächsten erlebte. Und Herz B, das mit den vielen verschiedenen, ähnlich großen Glücksquellen, hat mir die Leserin von »Goodbye Herzschmerz« geschickt, die ich vorhin in der Einleitung zitiert habe. Jene, die sagte, dass ihre neue Partnerschaft, nachdem sie meine Ratschläge befolgt habe, plötzlich so viel besser liefe!

Nun soll das natürlich nicht heißen, dass man Menschen, die eine glückliche Beziehung führen, immer daran erkennen kann, dass sie in ihrem Leben zig verschiedene Interessen und Glücksquellen haben. Aber:

🤝 Bei Menschen, die sich selbst für ihr eigenes Glück verantwortlich fühlen und dadurch großes Potenzial haben, *Selbstbewusstsein* und *Gelassenheit* zu entwickeln, *sich gern zu mögen* und *mit beiden Beinen im Leben zu stehen,* ist die Wahrscheinlichkeit, dass sie sich neben ihrer Partnerschaft noch einer Reihe anderer Themen zuwenden, die ihnen Spaß machen und in denen sie Erfüllung finden, besonders groß.

Das erreichen sie, weil es ihnen sinnvoll und richtig erscheint, gut zu sich selbst zu sein, weil sie sich nicht abhängig von einem Partner fühlen oder weil sie zum Beispiel den nötigen Mut aufbringen, sich einen Job zu suchen, der nicht nur zum Geldverdienen da ist, sondern dem sie mit echter Leidenschaft nachgehen können. Und:

🤝 Dadurch, dass diese Menschen mehrere, ähnlich große Glücksquellen in ihrem Leben besitzen, sorgen sie automatisch dafür, dass ihr Selbstwert, ihre Selbstliebe und ihre Gelassenheit fortwährend weiter genährt werden – weil sie schöne Dinge erleben, Selbstbestätigung erfahren, erfüllt und zufrieden sind. Und das sogar, falls ihnen einmal eine ihrer Glücksquellen wegbricht – denn sie haben genug andere Bereiche, die sie in so einer Situation auffangen können. So entsteht ein *positiver Kreislauf*, für sie persönlich und auch für den liebevollen Blick auf ihren Partner. Ganz im Unterschied zu dem *negativen Kreislauf*, der dann entsteht, wenn man sich ohnehin schon unsicher und nicht liebenswert fühlt, sich deshalb zu Hause verkriecht oder jeden Tag einer frustrierenden Arbeit nachgeht, woraufhin man abends Zoff mit seinem Partner bekommt, weil man enttäuscht ist, dass auch er sich wieder mal nicht so verhält, wie man es sich für das eigene Glück vorstellt.

Im Rahmen meiner Methode werden wir uns nun den *positiven Kreislauf* eines vielseitig gefüllten Glücksherzens zunutze machen. Meiner Erfahrung nach ist es so, dass ein Mensch, der selbstbewusster und gelassener werden möchte, sich mehr lieben und anderen vertrauen will, das zwar durch eine intensive Auseinandersetzung mit sich selbst und seinen Problemen (zum Beispiel mithilfe von Literatur, Psychotherapie oder Coaching) erreichen kann. Aber auch, dass sich dieser Prozess enorm vereinfachen, beschleunigen und verstärken lässt, indem dieselbe Person sich bewusst dafür entscheidet, mehr Zeit und Energie in das Finden und Ausleben der weiteren Glücksquellen in ihrem Leben zu investieren – was gleichzeitig bedeutet, nicht mehr an Irrtum #10 des Beziehungsglücks zu glauben. Durch die vielen Erfahrungen, die sie im Rahmen dieser Aktivitäten sammeln wird, passiert auf emotionaler Ebene nämlich ganz viel Gutes mit ihr!

🤝 Indem wir aus Deinem Herz ein Glücksherz mit verschiedenen stabilen Glücksquellen machen, kommt der Rest in der Regel fast von allein: Dadurch, dass Du Dich den Dingen in Deinem Leben zuwendest, die Dir wirklich liegen, gewinnst Du neuen Selbstwert. Dein neuer Selbstwert und auch die Tatsache, dass Du Dir Zeit und Ruhe für Dich nimmst, wirken sich positiv auf Deine Selbstliebe aus. Indem Du verschiedene Glück spendende Themen und Menschen in Dein Leben lässt, gewinnst Du so viel Rückhalt, dass Dich das in Deiner Partnerschaft viel gelassener macht. Und all das zusammen lässt Dich sicherer, unabhängiger und mutiger werden, wodurch Du nach und nach auch leichter vertrauen kannst.

Mit der konkreten Umsetzung beginnen werden wir, indem wir uns zuerst Dein aktuelles Glücksherz genau anschauen, so wie es heute aussieht. Es folgen drei große Maßnahmen-Blöcke mit vielen Übungen, Tests und Anregungen, die Dich dabei unterstützen werden, Dein Glücksherz besonders facettenreich, zufrieden und widerstandsfähig zu machen. Sie alle münden dann zusammen in einem täglichen Trainingsprogramm, das so konzipiert ist, dass Du es in Deinem Alltag ganz unkompliziert anwenden kannst. Mir geht es nicht um eine Hauruck-Methode oder eine kurzzeitige Verbesserung, sondern um eine echte, langfristige Bereicherung für Dein Leben. Es kann deshalb einige Wochen oder Monate dauern, bis Du eine Veränderung spürst. Aus diesem Grund habe ich im Anschluss an Dein Glücksherz-Training noch vier kurze Kapitel mit den besten Sofortmaßnahmen für mehr Gelassenheit, Selbstwert, Selbstliebe und Vertrauen ergänzt, die Du zur Überbrückung einsetzen kannst.

🤝 Die Glücksherz-Methode umzusetzen wird für Dich bedeuten, dass Du viel lesen und mit dem Kopf arbeiten, aber auch Deinen restlichen Körper benutzen wirst: Um rauszugehen nämlich, um zu sprechen, um zu lachen, um zu laufen, vielleicht, um zu tanzen, um zu genießen, um zu erkunden und noch vieles mehr! Ich möchte, dass mein Buch für Dich nicht nur eine Lektüre ist, sondern rückblickend lediglich der kleine theoretische Anstoß für eine große praktische Veränderung in Deinem Leben sein wird!

Bestandsaufnahme: Dein Glücksherz heute

Bevor Du jetzt Dein eigenes Glücksherz entdeckst, kannst Du selbst entscheiden, ob Du dieses Kapitel zunächst im Schnelldurchlauf lesen und erst dann Schritt für Schritt die darin beschriebene Übung machen oder ob Du direkt loslegen willst. Ersteres hat den Vorteil, dass Du schon weißt, worauf wir hinauswollen, und dadurch den optimalen Zugang zu der Übung findest. Aber natürlich funktioniert sie auch ohne diese Vorbereitung! Die einzelnen Übungsschritte habe ich hier und auch in allen folgenden Kapiteln markiert, damit Du Dich schnell und gut orientieren kannst.

Nimm Dir bitte einen Stift und mehrere Zettel, und zeichne auf das erste Blatt ein großes Herz – Dein Herz. Wenn Du das gemacht hast, lehn Dich zurück, schließe, wenn Du magst, die Augen, und fühle ein paar Minuten lang tief in Dich hinein, um die folgende Frage zu beantworten:

Welche Aktivitäten, Kontakte oder Interessen hast Du momentan – neben deiner Partnerschaft – in Deinem Leben, die Dich richtig glücklich machen? Und zwar nicht nur theoretisch und im Sinne von »Ich könnte ja mal...«, sondern ganz real?

Lebensbereiche also, durch die Du positive Emotionen wie Freude, Spaß, Unbeschwertheit, Geborgenheit oder Zufriedenheit erfährst? Bei denen Du vielleicht total die Zeit vergisst? Auf die Du immer wieder Lust hast? Und während derer Du ganz in Deinem Element bist? Das könnte eine Arbeit sein, die Du liebst, es kann sich um Hobbys handeln, um Treffen mit Deinen Freunden, um Deine Familie, Beschäftigung mit Tieren oder in der Natur, um Sport und alles, was Dein Herz sonst noch zum Lächeln bringt.

🤝 Bitte stress Dich nicht, um Dir möglichst viele Glücksquellen einfallen zu lassen. Es kann gut sein, dass Dir nur zwei einfallen. Sogar, dass Dir gar nichts in den Sinn kommt, ist möglich (in diesem Fall lies bitte einfach direkt beim nächsten Kapitel auf S. 146 weiter). Es geht bei dieser Frage nicht darum, irgendwem zu beweisen, wie facettenreich Dein Leben ist – sondern darum, dass Du absolut ehrlich zu Dir bist.

Bitte schreib nun all die Dinge, die Dir eingefallen sind, ganz groß und jeweils einzeln auf einen weiteren der leeren Zettel, die Du bereitgelegt hast. Auf einem würde also zum Beispiel »Meine Arbeit« stehen, auf einem anderen etwa »Tanzen«, auf einem dritten möglicherweise »Konzerte«. Eben das, was Dir nun eingefallen ist. Wenn Du magst, kannst Du zwischendurch auch die Augen schließen und überlegen, was vielleicht noch fehlen könnte.

Nun möchte ich, dass Du den Zettel mit Deinem Herz auf den Boden und alle anderen Zettel um ihn herumlegst. Das könnte dann ungefähr so aussehen:

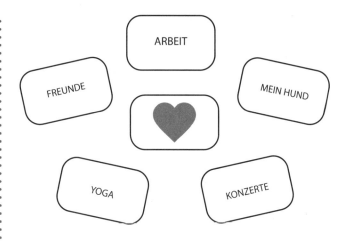

Nun wird es richtig spannend. Weil wir Menschen manchmal dazu neigen, mit dem Kopf zu entscheiden, was uns Spaß machen *müsste,* und nicht so genau in uns hineinfühlen, was uns wirklich Spaß *macht*, möchte ich Deinen gesamten Körper um eine schonungslos ehrliche Einschätzung bitten. Das funktioniert so: Du wirst Dich nach und nach auf jeden der Zettel draufstellen, die Augen schließen und Dir ein paar Augenblicke lang Zeit nehmen, um genau zu spüren, welche Emotionen das konkrete Thema in Dir und Deinem Körper auslöst.

Fühlst Du Dich auf dem »Yoga«-Zettel also wirklich voll positiver Energie, fangen Deine Lippen vielleicht ganz von allein an zu lächeln, macht Dein Herz einen kleinen Sprung? Oder graut es Dir insgeheim schon vor der nächsten Yoga-Session, fühlen sich Deine Muskeln plötzlich ganz schwer und müde an und sehnen sich eher nach dem Sofa – auch, wenn Du natürlich eigentlich weißt, dass Yoga gut für Dich und Deine Gesundheit ist und Spaß machen sollte? Dann weg damit! Ich möchte, dass Du wirklich nur die Zettel behältst, die Deinem »Körper-Glücks-Check« standhalten können.

Schau Dir nun bitte alle Zettel, die Du nach dem Körper-Check noch hast, genau an: Kannst Du sie in eine Reihenfolge bringen, gewichtet nach dem Einfluss auf Dein gesamtes Glück? So entsteht eine Art Ranking, und ganz oben liegt das Thema, aus dem Du am allermeisten positive Gefühle beziehst, darunter das zweitwichtigste etc.

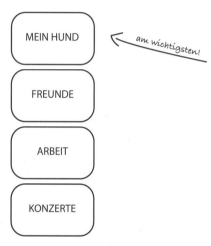

Es kann sein, dass Du die Zettel ein paarmal hin- und herschieben musst oder dass mehrere auf einer Ebene liegen. Alles ist erlaubt!

Wenn Du so weit bist, ist es an der Zeit, dass Du ein letztes Blatt Papier nimmst und darauf »Partnerschaft«, »Partner« oder auch den konkreten Namen des Menschen, mit dem Du zusammen bist, schreibst. Dann möchte ich, dass Du den Partnerschaftszettel, ganz unten beginnend, nach und nach auf den Boden neben die einzelnen Blätter in Deiner Rangliste legst und Dich, abhängig von Deinem Beziehungsstatus, Folgendes fragst:

Pflege ich diese Glücksquelle auch in meiner Partnerschaft wirklich weiter? Gebe ich ihr Zeit und Raum? Würde ich mich ihr also auch in einer Situation widmen, in der ich ihretwegen auf gemeinsame Zeit mit meinem Partner verzichten müsste – obwohl er mich fragt, ob wir etwas unternehmen wollen?

Oder, wenn Du momentan Single bist:

Habe ich diese Glücksquelle in der Vergangenheit auch während meiner Partnerschaft weitergepflegt, ihr also Zeit und Raum gegeben? Ist sie für mich mehr als nur ein Zeitvertreib in den Phasen zwischen zwei Beziehungen? Und kann ich sie mit dem Glück, dass ich mir von einer Beziehung erhoffe, vergleichen?

Das Wichtigste an diesem Punkt der Übung ist wieder einmal, dass Du absolut ehrlich zu Dir selbst bist. Oft begegnen mir Menschen, die sagen: »Ja klar, ich habe ganz viele Glücksquellen in meinem Leben, ich mache mein Glück doch auf keinen Fall von meinem Partner abhängig!«, aber im Gespräch wird schnell klar, dass das nur die Theorie ist. Denn in der Praxis würden sie einem Abend mit ihrem Partner in jedem Fall Vorrang vor allen anderen Plänen geben. Andere berichten mir, dass sie es leider nicht schaffen, ihre Freunde regelmäßig zu sehen oder ihrem Hobby nachzugehen, weil sie als Paar eben immer so verplant sind.

Das ist natürlich eine Frage von Prioritäten. Und wenn jemand immer seinem Partner die Priorität gibt, dann mag das erst mal toll und romantisch klingen – aber er tut das wahrscheinlich nicht aus purem Altruismus oder »Liebe«, sondern außerdem, weil er selbst ganz dringend etwas von seinem Partner braucht, um glücklich zu sein: das Gefühl, nicht allein zu sein, zu jemandem zu gehören, Selbstbestätigung oder schlichtweg eine Beschäftigung, die ihm sinnvoll erscheint. Vielleicht auch, weil so jemand bisher kaum Dinge in seinem Leben gefunden hat, die ihm wirklich Freude bereiten. All das ist keine gute Basis für eine glückliche Beziehung.

Ich möchte also, dass Du jede Deiner anderen Glücksquellen gegen die Glücksquelle »Partnerschaft« abwägst und so peu à peu herausfindest, an welche Stelle in Deinem Ranking sie gehört.

🤝 Bitte schäme Dich nicht oder fälsche gar Dein Ergebnis, wenn Du »Partnerschaft« im Vergleich zu anderen Glücksquellen in Deinem Leben immer die Priorität geben würdest und der entsprechende Zettel deshalb ganz oben liegt. Jedes Ergebnis ist okay. Du liest dieses Buch, um etwas für Dich und Dein Liebesglück zu tun – und damit kannst Du immer beginnen!

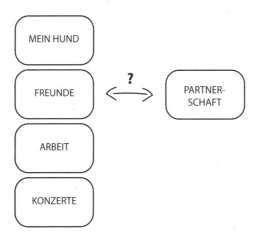

Nachdem Dein Ranking feststeht, kommt es nun ein weiteres Mal auf Dein Bauchgefühl an. Jetzt kannst Du das, was auf dem Boden vor Dir liegt, auch zeichnerisch in Dein Glücksherz auf dem ersten Zettel übertragen: Wie viel Raum nimmt jede einzelne der Glücksquellen ein?

Du weißt ja nun, welche Dir am wichtigsten sind und welche weniger, aber wie groß ist die Differenz zwischen ihnen genau? Wenn Partnerschaft ganz oben steht, bedeutet das zum Beispiel, dass der Bereich »Beziehung« in Deinem Glücksherzen 40 Prozent einnimmt? Oder sind es eher 90? Beides ist denkbar. Schau Dir in Ruhe an, was in Dein Herz reingehört – ein Gefühl dafür, wie viel Platz jedes einzelne Thema einnimmt, bekommst Du vermutlich von ganz allein. Wenn Du es spürst, nimm den Stift und fülle Dein Glücksherz aus! Die meisten meiner Kunden benutzen dabei übrigens einfache Striche, um die einzelnen Bereiche des Herzens optisch voneinander zu trennen (so, wie Du es oben im Beispiel schon gesehen hast), aber mich haben auch schon Glücksherzen erreicht, in denen die Glücksquellen in verschiedenen Farben schraffiert waren – mach es, wie Du magst und schön findest.

Übrigens: Wie hier werde ich Dich noch an vielen weiteren Stellen während der kommenden Seiten dazu auffordern, Dir schriftliche Notizen oder Zeichnungen zu Deinen Übungen zu machen. Bitte hebe diese Zettel alle gut auf, wir brauchen sie später noch.

Dein Glücksherz stärken

Wie sieht es aus, Dein Glücksherz? Hat es zwei, drei, vier Glücksquellen, weniger oder mehr? Und wie viel Raum nimmt

Partnerschaft ein? Die Hälfte, darunter oder darüber? Da es mir in meiner Arbeit täglich begegnet, vermute ich, dass es auch vielen Leserinnen und Lesern (und damit vielleicht auch Dir) so gehen wird, dass ihr Herz aus viel mehr Partnerschaft besteht, als es ihnen vorher bewusst war. Das kann eine überraschende Erkenntnis sein, eine spannende – und leider auch oft eine sehr schmerzhafte, weil sie zunächst schonungslos offenlegt, dass man wenig anderes in seinem Leben hat. Sollte das auch bei Dir so sein, dann lass Dir aber bitte noch einmal von mir versichern, dass das überhaupt kein Grund ist, traurig zu sein oder sich zu schämen! Zum einen, weil es wirklich ganz vielen Menschen so geht – denn dadurch, dass wir von Kindesbeinen an lernen, dass ein Partner uns glücklich machen kann und soll, haben wir uns wie Falko, Tommy, Sarah und die anderen gar nicht erst oder nur halbherzig auf die Suche nach anderen Glücksquellen in unserem Leben gemacht. Und außerdem kannst Du mit dieser Ausgangslage bei dem, was nun vor Dir liegt, ganz besonders viel entdecken.

Es kann natürlich auch sein, dass Dein Glücksherz eigentlich einen recht ausgewogenen Eindruck macht – und das wäre toll! Dennoch bin ich mir sicher, dass die folgende intensive Auseinandersetzung mit Deinem Glücksherz auch Dich dabei unterstützen wird, *noch* selbstbewusster, *noch* gelassener, *noch* vertrauensvoller und *noch* liebevoller zu Dir selbst zu sein. Denn Du wirst ganz automatisch *noch* sensibler für Dein eigenes Glück werden.

Ich werde Dir im Folgenden drei Maßnahmen vorstellen, mit denen Du weitere Informationen und Inspiration über das Glück in Deinem Leben sammeln kannst. All das, was wir auf diese Weise herausfinden, dient als Vorbereitung für Dein späteres tägliches Trainingsprogramm. Es ist jedoch sehr wahrscheinlich, dass schon allein diese Vorarbeit ganz viele neue

Gedanken, Ideen, Wünsche, Sehnsüchte oder auch plötzliche Erkenntnisse in Dir weckt.

🤝 Solltest Du nach den ersten Maßnahmen bereits Impulse verspüren, etwas sofort auszuprobieren oder verändern zu wollen, leg bitte los und warte nicht, bis wir bei Deinem täglichen Trainingsprogramm angekommen sind! Denn ich habe zwar diese Methode entwickelt und werde sie Dir vermitteln, aber der wahre Experte für Dein Glück bist Du. Du gibst das Tempo vor, Du entscheidest, wo Du kurz stehen bleiben, noch mal nach rechts und links blicken oder vielleicht auch einen Schritt zurück machen willst. Unsere Reise muss also auf keinen Fall die direkte Route nehmen – vielmehr ist die allerbeste Route Deine eigene!

Maßnahme A:
Dein Glücksherz auf dem Prüfstand

Gerade haben wir schon herausgefunden, welche Glücksquellen neben der Partnerschaft in Deinem Leben aktuell noch eine wichtige Rolle spielen. Dein Ergebnis ist sicher richtig – dennoch möchte ich es nun einer weiteren kleinen Überprüfung unterziehen. Denn: Allein die Tatsache, dass es Dinge in Deinem Leben gibt, die Dich glücklich machen, bedeutet noch nicht, dass es nicht andere Dinge geben könnte, die Dich noch glücklicher machen würden...

🤝 Für den Fall, dass Dir außer Partnerschaft vorhin gar nichts eingefallen ist, was Dir momentan in Deinem Leben Freude bereitet, mache diese Übung bitte trotzdem.

Es gibt Phasen im Leben, da hat man sich an einen Alltag gewöhnt oder sich mit seinen Umständen arrangiert, weil man das Gefühl hat, sie aus verschiedensten Gründen ohnehin nicht ändern zu können. Etwa weil man glaubt, dass das private Umfeld oder die Gesellschaft gewisse Dinge von einem erwarten, weil man grundsätzlich Angst vor Veränderungen hat oder weil einen finanzielle Sorgen plagen. Und weil der Mensch ein großes Anpassungstalent ist, schafft man es dennoch, Gutes und Schönes in dieser Situation zu finden. Das ist einerseits wundervoll und ein großer Segen – aber kann andererseits leider auch bedeuten, dass man das Potenzial, glücklich zu sein, das man eigentlich hätte, gar nicht ausschöpft. Man lebt sozusagen »neben sich her« und hat schon beinahe vergessen, was man wirklich braucht, um sich richtig wohlzufühlen.

Ich werde dir jetzt drei Möglichkeiten beschreiben, mit denen Du herausfinden kannst, wie nah Dein aktueller Lebensentwurf an dem dran ist, was Du Dir tief in Deinem Inneren wünschst und was Du brauchst. Du wirst merken, dass die Methoden einander ähneln, dennoch würde ich Dich bitten, alle drei auszuprobieren, ohne vorher das ganze Kapitel zu lesen. Im Anschluss werde ich Dir dann etwas zur Einordnung Deiner Ergebnisse sagen.

Übung:
Wenn Du nur noch drei Monate zu leben hättest ...

Such Dir einen ruhigen Platz, mach die Augen zu und stell Dir vor, Du gehst morgen zum Arzt und bekommst die Diagnose, dass Du nur noch drei Monate zu leben hast. Ein makabres Gedankenspiel, ich weiß, aber gerade deswegen auch ein sehr wirkungsvolles. Der Arzt sagt Dir, dass Du während dieser drei Monate nicht mit gesundheitlichen Einschränkungen zu rechnen brauchst, Dir aber klar sein muss, dass es dann ganz plötzlich zu Ende gehen wird.

Welches Gefühl überkommt Dich bei dieser Vorstellung? Verspürst du tiefe Trauer, aber irgendwie auch die Bereitschaft loszulassen, wenn es unbedingt sein muss, weil Du Dein Leben bis hierher in vollen Zügen genossen hast? Oder wirst Du panisch, weil Du merkst, dass Du vieles von dem, was Du Dir eigentlich vorgenommen hattest, noch gar nicht erlebt hast und das nun nicht mehr nachholen kannst? Was würdest Du in den drei Dir noch bleibenden Monaten verändern? Womit mehr, womit weniger Zeit verbringen? Bitte nimm Dir einen Stift und einen Zettel, und schreibe auf, was Du unbedingt noch umsetzen würdest.

Übung: Schreibe einen Nachruf auf Dich selbst

Ich möchte, dass Du einen Nachruf auf Dich selbst schreibst. Einen Text also, in dem steht, was für ein Mensch Du warst, was Dein Leben ausgemacht hat, worauf Du stolz warst und was Du dieser Welt und den Menschen, die Dich lieben, hinterlässt. Das Besondere daran: Dieser Text sollte so ausfallen, wie Du ihn Dir im optimalen Fall wünschen würdest. So, dass Du sagen könntest: Ja, wenn es so gelaufen ist, dann war das super so! Du kannst Deiner Fantasie also ruhig etwas freien Raum lassen.

Übung:
Verfasse eine Bucket-List

Wenn Du den Film »Das Beste kommt zum Schluss« mit Jack Nicholson und Morgan Freeman gesehen hast, dann kennst Du sie in jedem Fall – aber vermutlich hast Du auch an anderer Stelle schon einmal von ihr gehört: Eine Bucket-List ist eine Liste all dessen, was man erleben möchte, bevor man »den Löffel abgibt« oder eben auf Englisch: *to kick the bucket.* Denn natürlich besitzt jeder von uns ganz persönliche Träume und Wünsche für seine Zeit auf dieser Erde. Manche begleiten uns schon, seit wir klein sind, andere sind im Laufe der Jahre dazugekommen – und es ist sehr aufschlussreich und spannend, sie ab und an mal mit dem Leben, das man gerade führt, abzugleichen.

Nimm Dir jetzt also Zeit, etwas zu schreiben, und überlege einmal genau, was auf Deine persönliche Bucket-List gehört: Wovon hast Du mit fünf Jahren geträumt, wovon mit 15, mit 25 und so weiter? Bitte schreibe alles, was Dir dazu einfällt, auf – auch die Dinge, die Du schon hast wahr werden lassen. Wie viele Punkte Deine Bucket-List hat, ist dabei ganz Dir überlassen! Ich möchte nur, dass Du am Ende an alle Wünsche, die Du Dir bereits erfüllt hast, einen Haken machst und dann schaust, wie das Verhältnis zwischen Realisiertem und noch nicht Realisiertem ausfällt.

Nachdem Du diese drei Übungen beendet hast, sollten jetzt ein paar Zettel mit verschiedenen Begriffen und Gedanken darauf vor Dir liegen. Nun kannst Du all diese Inhalte auf einem neuen Zettel zusammenführen, wobei Du Themen, die gleich mehrfach auftauchen, nur einmal aufzuschreiben brauchst. Dann lege die Aufzählung, die so entstanden ist, neben die

Zeichnung von Deinem Glücksherz, und lass den Vergleich der beiden Zettel auf Dich wirken: Wie nah ist Dein momentanes Glücksherz an dem dran, was noch alles in Dir schlummert? Oder wie weit ist es davon entfernt? Findest Du Überschneidungen zwischen den Dingen, die in Deinem Glücksherz, und denen, die auf Deiner neuen Liste stehen? Geht es zum Beispiel um ähnliche Oberbegriffe, wie etwa Reisen, Natur, Zwischenmenschliches? Oder gibt es viele ganz unerfüllte Sehnsüchte in Dir? Bitte markiere all die Dinge, bei denen Du spürst, dass sie Dir sehr fehlen oder dass sie besonders wichtig sind, weil sie immer wieder auftauchen, mit einem Kreuz.

Je stärker die Themen, die Du mithilfe der drei Aufgaben herausgefiltert hast, von denen in deinem aktuellen Glücksentwurf abweichen, umso nachdrücklicher möchte ich Dir schon jetzt empfehlen, ernsthaft darüber nachzudenken, wie Du mehr von Deinen Träumen und Wünschen in Dein Leben integrieren könntest (wie genau das aussehen kann, besprechen wir später noch im Detail). Um wirklich glücklich zu sein, ist es wichtig, sich nicht einfach irgendeinem Alltag zu fügen – sondern seine kostbaren Tage so zu gestalten, wie man es aus seinem tiefsten Inneren heraus wirklich möchte. Natürlich wird es dabei immer ganz reale äußere Umstände geben, die verhindern, dass wir all unsere Träume verwirklichen können. Aber wir sollten bei jedem unserer Bedürfnisse sehr sorgfältig prüfen, ob solche äußeren Umstände *wirklich vorliegen* oder ob wir vielleicht einfach *zu schnell aufgegeben* und noch nicht alle Möglichkeiten durchdacht haben.

Bronnie Ware, eine australische Krankenpflegerin, hat im Jahr 2012 ein Buch veröffentlicht, dessen deutscher Titel lautet »5 Dinge, die Sterbende am meisten bereuen«. Sie schreibt darin über ihre Erfahrungen mit todkranken oder alten Menschen. Und so leid es mir tut, dass dieses Kapitel so voll von morbiden

Gedanken ist – ich möchte Dir dennoch erzählen, welche fünf Dinge es sind, die die meisten Sterbenden bereuen, weil ich es für aufrüttelnd halte:

1. Sie wünschten, sie hätten den Mut gehabt, ihr eigenes Leben zu leben.
2. Sie wünschten, sie hätten nicht so viel gearbeitet.
3. Sie wünschten, sie hätten den Mut gehabt, ihre Gefühle auszudrücken.
4. Sie wünschten, sie hätten die Kontakte zu ihren Freunden besser gepflegt.
5. Sie wünschten, sie hätten sich erlaubt, glücklicher zu sein.

Manchmal ist es für Dein Glücksherz einfach wichtig, dass Du Dir bewusst machst, wie wertvoll Lebenszeit ist – und dass du auch deshalb die Dinge, die Dich glücklich machen, nicht aufschieben solltest. Wenn Du das tief verinnerlichst, profitierst nicht nur Du selbst davon, sondern auch Deine Beziehung.

Wir haben auf den letzten Seiten herausgefunden, wie Dein Glücksherz aktuell aussieht, und außerdem schon eine Ahnung davon bekommen, wie nah es damit an dem Zustand dran ist, von dem es (insgeheim) träumt. Nun möchte ich weitermachen, indem wir einige spezifischere Aspekte über Dich und Dein Glück entdecken. Denn es gibt viele Gründe, aus denen Menschen zu den Dingen, von denen ihr Herz insgeheim träumt, gar keinen bewussten Zugang haben. Lass uns an dieser Stelle also noch ein bisschen tiefer graben!

Maßnahme B:
Das Kind in Dir befragen

Bestimmt kennst Du das auch: Es gab mal eine Zeit im Leben, da haben wir über die Dinge, die uns Spaß machen, noch ausschließlich mit dem Herzen entschieden. Wir haben nicht überlegt, wie sinnvoll eine Beschäftigung ist, ob sie uns weiterbringt oder gesellschaftskonform ist. Stundenlang im Garten Purzelbäume schlagen? Klar! Den ganzen Nachmittag mit Gummistiefeln im Bach stehen und Fische beobachten? Logisch! Oder – eine meiner Lieblingsbeschäftigungen damals – sich mitten in der Nacht auf die Pferdewiese schleichen, ein Halfter mitbringen und im Mondlicht Pony reiten? Auf jeden Fall!

Für die meisten von uns dauert diese Zeit vom Kleinkindalter bis zur Pubertät, bei manchen, die bereits sehr früh mit dem »Ernst des Lebens« konfrontiert werden, endet sie leider auch schon früher. Aber irgendwo in sich hat jeder von uns diesen kindlichen, unbeschwerten Kern. Und da er in punkto Glück ein ganz wundervoller Ratgeber ist, möchte ich, dass Du Dich jetzt auf die Suche nach ihm machst.

Übung:
Lerne Dein inneres Kind kennen

Wenn Du welche hast, nimm zur Inspiration alte Kinderfotos von Dir zur Hand oder krame einmal ganz intensiv in Deinen Erinnerungen. Zusätzlich kannst Du auch Deine Eltern, Geschwister oder alte Freunde befragen:

Wie warst Du als Kind, in der Zeit, in der Dein Leben noch unbeschwert war?

- Womit hast Du am allerliebsten Deine Tage verbracht?
- Was wolltest Du mal werden, wenn Du »groß« bist?
- An welche besonders glücklichen Momente erinnerst Du Dich, und warum ging es Dir in diesen Situationen so gut?
- Wenn man Dich als Kind gefragt hätte, was Deine Lieblingsbeschäftigungen sind, was hättest Du geantwortet?

Bitte notiere Dir auch hier wieder alles, was Dir an Glücksquellen aus Deiner Kindheit einfällt, auf einem Stück Papier.

Die Arbeit mit dem »inneren Kind« ist ein hochwirksames und sehr tiefgehendes Instrument aus der Psychotherapie, und ich kann sie an dieser Stelle nur oberflächlich anreißen. Wenn Du jedoch merkst, dass Du einen guten Zugang zu dieser Art von Übung hast, die Beschäftigung mit Deiner Kindheit sofort etwas in Dir auslöst und Du das gern weiter vertiefen möchtest, dann würde ich Dir empfehlen, Dir zusätzliche Literatur zu dem Thema zu besorgen. Ein Buch, das in diesem Zusammenhang meiner Erfahrung nach besonders lesenswert ist, findest Du hinten in den Lese-Tipps.

Maßnahme C:
Schau Dir Deine vier Super-Quellen an

Jeder Mensch hat, wie wir gesehen haben, seinen ganz individuellen Weg, positive Gefühle zu sammeln. Denn jeder Mensch ist – denk noch mal an Deinen Fingerabdruck! – einzigartig. Trotzdem gibt es bestimmte Lebensbereiche, die bei so ziemlich jedem von uns das Potenzial haben, eine große Rolle für unser Glück zu spielen. Und das sowohl im Guten wie im Schlechten: Laufen sie also »rund«, ist die Wahrscheinlichkeit, dass uns das besonders glücklich macht, groß. Während es uns ganz schön runterziehen kann, wenn hier etwas schiefläuft.

Ich nenne diese Lebensbereiche die vier Super-Quellen. Es handelt sich dabei um **soziale Kontakte** (wozu vor allem Freunde und Familie gehören), **Arbeit** (weil wir mit ihr in der Regel einen Großteil unserer täglichen Zeit verbringen), **Freizeit** (weil wir hier entspannen, loslassen, den Kopf frei bekommen) und den **Lebenssinn** (weil nichts uns so gut das Gefühl von innerer Leere nehmen kann wie er). Unser letzter Schritt in der Vorbereitung für Dein tägliches Glücksherz-Training wird deshalb sein, dass wir uns die vier Super-Quellen in Deinem Leben jetzt im Detail anschauen. Wir beginnen mit den sozialen Kontakten und nehmen uns dann nach und nach den Rest vor.

Super-Quelle »Soziale Kontakte«

»Ich bin einfach nicht dafür geschaffen, allein zu sein!«, habe ich schon oft von Frauen und Männern gehört, während sie wegen der Trennung von ihrem Partner verzweifelt weinend vor mir saßen. Ich konnte sie so gut verstehen! Weil auch ich fest daran glaube, dass wir Menschen soziale Wesen sind und den Austausch, die Nähe und den Zusammenhalt mit anderen zum Glücklichsein brauchen.

Was mir jedoch häufig auffällt ist, dass dieselben Frauen und Männer, die so etwas sagen, eine sehr einseitige Vorstellung davon haben, was für eine Art von Beziehung sie in ihrem Leben benötigen, um nicht allein zu sein: eine Partnerschaft nämlich. Nur ein Partner, finden sie, sei schließlich immer für einen da, nur mit ihm könne man seine intimsten Gedanken teilen und wäre körperliche Nähe möglich.

Das ist eigentlich überraschend, denn die Erfahrung hat sie

oft etwas ganz anderes gelehrt: Dass ihr Partner eben nicht mehr für sie da war, die beiden schon lang keine intimen Gedanken mehr austauschen konnten und in den meisten Fällen auch die Zärtlichkeit seit Wochen, Monaten oder sogar Jahren ausblieb. Der Schmerz und die Angst, die die Betroffenen fühlen, beziehen sich also vor allem auf ihre Idealvorstellung von Partnerschaft – und nur selten auf ihre gelebte Realität. Für mich bedeutet das allerdings erst recht, dass man beides ganz besonders ernst nehmen sollte. Weil derjenige, der eine so genaue Vorstellung von Beziehungen hat, sich und seinem Leben auf einer ganz grundsätzlichen Ebene ein riesiges Glückspotenzial vorenthält.

Bekannte Glücksforscher, wie zum Beispiel die US-amerikanischen Professoren Ed Diener und Carol Ryff oder Dr. Martin Seligman, beschäftigen sich damit, unter welchen Lebensumständen, mit welchen persönlichen Eigenschaften und wo auf der Welt die Menschen am glücklichsten sind. Und während jeder von ihnen seine Erkenntnisse dazu in ein ganz eigenes Konzept übersetzt hat, so sind sie sich in manchen wesentlichen Punkten doch sehr einig. Einer (und vielleicht sogar der allerwichtigste) von ihnen ist die Tatsache, dass Menschen, um sich wohlzufühlen, intakte soziale Beziehungen brauchen – zu Freunden, Familienmitgliedern, Kollegen oder natürlich *auch* einem Partner. Dort, wo Menschen sozial gut integriert sind, zum Beispiel in einer kleinen Dorfgemeinschaft, geht es ihnen meist besser als dort, wo sie sich eher isoliert und anonym fühlen, wie es in der Großstadt manchmal der Fall sein kann. Wer außerdem regelmäßigen Körperkontakt mit anderen pflegt – und zwar nicht unbedingt sexuell, sondern auch in Form von Umarmungen oder anderen liebevollen Berührungen –, der ist durch die damit verbundene Hormonausschüttung seltener krank, was natürlich wiederum positiven Einfluss auf das eigene Glücksempfinden hat.

Wenn wir also erreichen möchten, dass Du Deinen Partner nicht für Dein eigenes Glück verantwortlich zu machen brauchst, dann ist ein ganz wichtiger Schritt, dass Du über eine Möglichkeit verfügst, Deinen Bedarf an zwischenmenschlichen Beziehungen auch über Deine Partnerschaft hinaus zu stillen. Lass uns also einmal schauen, wie Deine Super-Quelle »Soziale Kontakte« momentan aufgestellt ist. Wir machen das mithilfe Deines »sozialen Netzes«, das ich Dir in Anlehnung an die gleichnamige Übung des Psychologen Gert Kaluza[6] jetzt erklären möchte.

Bitte nimm Dir erneut einen Stift und am besten gleich zwei oder drei Zettel. Dann denke an die verschiedenen Lebensbereiche (außer Partnerschaft), in denen Du Menschen kennst. Das kann Deine Familie sein, Deine Freunde, Arbeitskollegen, Nachbarn, Sportpartner und so weiter. Notiere Dir zu all diesen Bereichen die Namen jener Menschen, die für Dich in irgendeiner Weise wichtig sind und die Du deshalb als Teil Deines sozialen Netzes betrachten würdest. Dabei ist erst mal noch nicht entscheidend, ob dieses »wichtig« von Dir ausschließlich positiv gemeint ist, sondern es kann sich auch um Personen handeln, zu denen Du ein eher ambivalentes oder schwieriges Verhältnis hast.

Nun nimmst Du einen zweiten Zettel, in dessen Mitte Du in einem kleinen Kreis das Wort »Ich« schreibst. Anschließend möchte ich, dass Du die Lebensbereiche, in denen Dir Menschen eingefallen sind, hier einträgst und durch Striche voneinander trennst – achte dabei darauf, dass die Bereiche,

---

6 *Kaluza, Gert:* Salute! Was die Seele stark macht. Programm zur Förderung psychosozialer Gesundheitsressourcen. Klett-Cotta Verlag, 2014.

in denen Du viele Namen notiert hast, mehr Platz bekommen als andere:

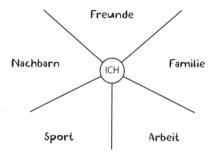

Bist Du so weit? Super. Dann wird es jetzt darum gehen, dass Du all die Menschen von Deiner Liste in ihrem jeweiligen Feld platzierst. Am besten malst Du für jeden von ihnen einen kleinen Kreis und schreibst seine Initialen oder eine andere Abkürzung hinein. Achtung: Bitte achte jetzt darauf, dass die Menschen, zu denen Deine Beziehung *intensiv* ist, besonders nah an Deinem »Ich-Kreis« sind, während diejenigen, die Dir im wahrsten Sinne des Wortes nicht so nahestehen, weiter außen auf dem Blatt ihren Platz finden. Wenn Du möchtest, kannst Du für die verschiedenen Bereiche auch unterschiedlich farbige Stifte nehmen, sodass zum Beispiel alle Freunde grün, alle Familienmitglieder rot sind.

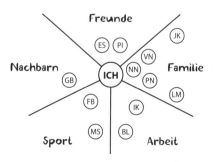

Schau Dir Dein soziales Netz genau an, und überlege, welche Beziehungen zu diesen Menschen Du als *positiv* empfindest und bei wem Du Dich besonders wohlfühlst: Kannst Du Dich bei jemandem so geben, wie Du wirklich bist? Vertraust Du einer dieser Personen Deine intimsten Gedanken an? Fühlst Du Dich in der Gegenwart eines Menschen gut und sicher und mit allem, was Dich ausmacht, angenommen? Stärkt jemand Dein Selbstbewusstsein? Und wen könntest Du nachts um drei Uhr anrufen, wenn Du Hilfe brauchst?

Markiere diese Personen durch einen Pfeil vom »Ich« zum Kreis der- oder desjenigen – je dicker die Pfeillinie, umso *positiver* die Beziehung.

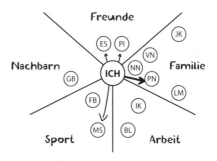

Jetzt ist unser Bild schon fast fertig. Nun kannst Du ein letztes Mal konzentriert in Dich gehen und Dich fragen, ob in Deinem sozialen Netz vielleicht noch Menschen fehlen, zu denen Du die Beziehung eigentlich als sehr positiv empfindest – zu denen Dir aus irgendwelchen Gründen aber leider der Kontakt verloren gegangen oder nie so richtig eng zustande gekommen ist. Das können beste Freunde aus Schulzeiten sein, die Du kaum noch siehst, die sympathische Nachbarin, mit der Du eigentlich immer mal einen Kaffee trinken wolltest, oder vielleicht auch jemand, der Dir mal durch eine schwere Zeit geholfen hat. Falls Dir jemand einfällt, trage diese Person(en) bitte auch noch ein, kennzeichne sie durch einen Pfeil und zusätzlich, indem Du ihren Kreis fett einrahmst. Falls Dir niemand einfällt, überprüfe, ob es unter den bereits eingezeichneten Menschen vielleicht Leute gibt, die Du eigentlich gern »näher« bei Dir hättest, und versehe auch sie mit Pfeil und einem fetten Rahmen.

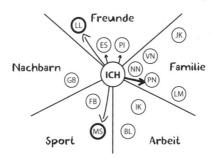

Vielleicht sieht Dein soziales Netz so ähnlich aus wie hier in meinem Bild, vielleicht ist es auch voller oder leerer. Wichtig ist: Allein die Masse an sozialen Kontakten sagt wenig darüber aus, wie gut unsere zwischenmenschlichen Beziehungen sind. Was hier vielmehr zählt, ist die Qualität. Es kommt also insbesondere auf die Personen mit den fetten Pfeilen an, die entweder nah an Dir dran oder aber leider zu weit von Dir entfernt sind: Sie sind der kostbarste Schatz, den Dein Glücksherz besitzt! Wenn Du zwei, drei oder sogar mehr von ihnen in Deinem Leben hast, dann verfügt Deine erste Super-Quelle über die allerbesten Voraussetzungen, Dich dabei zu unterstützen, selbstbewusst, gelassen, vertrauens- und liebevoll zu sein.

Damit sie das tun kann, ist allerdings entscheidend, dass Du nicht nur theoretisch mit diesen Menschen verbunden bist, sondern auch ganz praktisch viel Zeit und Energie in den Kontakt mit ihnen investierst. Du solltest sie also regelmäßig sehen und sprechen, anstatt nur mit ihnen Nachrichten zu schreiben. Du könntest Dich mit ihnen für gemeinsame Unternehmungen verabreden, sie zu Dir nach Hause einladen. Oder zu jemandem, den Du als »leider zu weit von Dir weg« markiert hast, den Kontakt (wieder) aufnehmen.

Anders gesagt: Räum diesen Menschen den Stellenwert ein, den das Glück in Deinem Leben ganz grundsätzlich haben soll. Versetze sie nicht zugunsten Deiner Partnerschaft, halte sie nicht hin und sage ihnen nicht wegen eines Dates ab, falls Du gerade solo bist. Sei für sie ein »Partner«, dem sie alles anvertrauen können, der immer für sie da ist und der sie auch mal in den Arm nimmt – denn dann werden sie mit großer Wahrscheinlichkeit das Gleiche für Dich sein.

Im Laufe meiner Zeit als Liebeskümmerin sind mir schon viele Menschen begegnet, die mir gesagt haben: »Ja, ich hab schon viele Bekannte, aber die Kontakte sind irgendwie eher oberflächlich, so nah stehen sie mir nicht – deswegen brauche ich ja so dringend eine Partnerschaft!« Im sozialen Netz dieser Frauen und Männer war dann manchmal niemand mit einem Pfeil, der eine »positive Beziehung« anzeigt, zu finden. Oft kam noch hinzu, dass dieselben Personen auch ein eher distanziertes Verhältnis zu ihren Familienmitgliedern hatten. Wenn ich in solchen Fällen genauer nachgebohrt habe, zeigte sich oft, dass die Oberflächlichkeit der zwischenmenschlichen Beziehungen aus einem der folgenden drei Gründe zustande kam:

- Die Person war schüchtern, nahm sich selbst immer zurück, und es fiel ihr deshalb schwer, mit Freunden über ihre eige-

nen Probleme zu sprechen – sie wollte niemandem zur Last fallen.
- Die Person hatte die zeitlichen Prioritäten in ihrem Leben so gesetzt, dass die Arbeit oder andere Verpflichtungen immer vorgingen, wodurch kaum eine Chance bestand, Kontakte tiefergehend zu pflegen.
- Es fiel der Person grundsätzlich schwer, Nähe zuzulassen, weshalb sie das Gespräch (oft, ohne es bewusst zu bemerken) immer auf Small-Talk-Niveau hielt. Die Ursache hierfür war in vielen Fällen schon im Elternhaus des- oder derjenigen zu finden, wo ebenfalls keine emotionale Nähe stattgefunden hatte.

Falls es Dir bisher ähnlich ging und Freundschaften für Dich »Beziehungen zweiter Klasse« waren, möchte ich Dich bitten, vor dem Hintergrund dessen, was Du jetzt über die Super-Quelle »Soziale Kontakte« und ihre Bedeutung für Dein Glücksherz weißt, Dein soziales Netz noch einmal genau zu überdenken: Wo gibt es Menschen, zu denen Du den Austausch gern intensivieren würdest? Und fallen Dir Orte, Gelegenheiten oder Aktivitäten ein, bei denen Du neue Leute treffen könntest, die das Potenzial haben, von Dir in Zukunft einen dicken Pfeil zu bekommen?

Wenn Du solche Personen identifiziert hast, dann suche den Kontakt zu ihnen, und versuche, Dich ihnen ganz bewusst so zu zeigen, wie Du wirklich denkst und fühlst, mit allem, was dazugehört: Deine Stärken, Schwächen, Träume und Sorgen. Antworte auf die Frage »Wie geht es Dir?« also nicht automatisch mit »gut«, sondern geh ruhig ein bisschen ins Detail. Gib jemandem mit Nachdruck zu verstehen, dass Du ihn gern sehen würdest und es Dir ernst ist, anstatt Dich gleich abschrecken zu lassen, wenn derjenige erst mal keine Zeit hat.

Oder lade ein paar Leute zu Dir nach Hause ein, koche für sie, und sorge damit für gemütliche Rahmenbedingungen – im Unterschied zu einem Treffen zwischen Tür und Angel im Café. Auf diese Weise kann besonders gut die Art von authentischer Nähe zwischen Euch entstehen, die Dein Glücksherz so dringend braucht. Anfangs wird es Dir vielleicht schwerfallen, aber wenn Du Dich einmal überwindest, wirst Du schnell merken, wie gut Dir das tut.

Von einer Idee möchte ich Dir nun noch kurz erzählen: Vielleicht hast Du schon einmal von den »36 Fragen zum Verlieben« gehört. Sie gehen auf den amerikanischen Psychologen Arthur Aron zurück, der Ende der 90er-Jahre beweisen wollte, dass man mit relativ großer Wahrscheinlichkeit dafür sorgen kann, dass zwei einander wildfremde Menschen sich ineinander verlieben – ganz einfach, indem sie sich gegenseitig 36 bestimmte Fragen stellen und beantworten müssen.

Klingt nach Zauberei? Ist es nicht. Der Fragenkatalog, den Aron entwickelt hatte, eignet sich einfach in ganz besonderer Weise dafür, Intimität zwischen zwei Menschen herzustellen. Wo Intimität entsteht, kommen sich zwei Menschen nah. Nähe wiederum ist oft der entscheidende Funken für die Liebe. Eigentlich alles ganz logisch also. Und deshalb auch nicht überraschend, dass Aron seine These im Rahmen eines Experiments belegen konnte.

Warum erzähle ich Dir das nun ausgerechnet an dieser Stelle, wo wir doch gerade eigentlich nicht vom Verlieben, sondern von Freundschaften sprechen? Ganz einfach: Weil die 36 Fragen zum Verlieben sich meiner Erfahrung nach nicht nur dazu eignen, sich in einen (potenziellen) Partner zu verlieben, sondern auch, um Freunden, Verwandten und Bekannten näherzukommen und dadurch Deinem sozialen Netz einen Energieschub zu geben. Vielleicht hast Du ja Leute in Deinem

Umfeld, die Spaß daran haben könnten, sich einmal mit Dir auf den Fragenkatalog einzulassen, damit Ihr Euch noch besser kennenlernt. Oder, falls Du es nicht ganz so auffällig oder ausführlich machen willst, lass Dich einfach durch die Fragen inspirieren und einzelne von ihnen beim nächsten Gespräch nebenbei mit einfließen. Du wirst sehen: Auf diese Weise passiert sofort etwas zwischen Euch. Und zwar etwas sehr Schönes.

Auszug aus den 36 Fragen zum Verlieben
(in Partner, Freunde, Verwandte, Bekannte)

1. Wenn Du unter allen Menschen auf der Welt wählen könntest, wen würdest Du gerne zum Essen einladen?
2. Würdest Du gerne berühmt sein? In welchem Bereich?
3. Legst Du Dir jemals die Worte zurecht, bevor Du jemanden anrufst? Warum?
4. Was macht für Dich einen „perfekten" Tag aus?
5. Wann hast Du zum letzten Mal für Dich selbst gesungen? Und wann für jemand anderen?
6. Wenn Du 90 Jahre alt werden könntest, was würdest Du für die letzten 60 Jahre lieber haben: den Körper oder den Geist eines 30-Jährigen?
7. Hast Du insgeheim eine Vermutung, wie Du sterben wirst?
8. Nenne drei Dinge, von denen Du glaubst, dass sie Dein Gegenüber und Du gemeinsam haben.
9. Wofür bist Du in Deinem Leben am meisten dankbar?
10. Wenn Du irgendetwas daran ändern könntest, wie Du erzogen wurdest, was wäre das?

Den ganzen Fragenkatalog findest Du zum Beispiel hier:
www.36-fragen.com/www.36questionsinlove.com

Super-Quelle »Lebenssinn«

Hast Du Dir schon mal Gedanken darüber gemacht, was der Sinn Deines Lebens ist? Ich meine nicht, der des Lebens der Menschen im Allgemeinen, sondern der Deines ganz persönlichen, individuellen Lebens. Warum macht es Sinn, dass Du am Morgen Dein Bett verlässt? Was ist das Ziel Deines Lebens, was motiviert Dich, und was möchtest Du dieser Welt am allerliebsten geben oder hinterlassen?

Falls Du jetzt denkst »Puh, das kann ich so genau gar nicht sagen« oder »Ich hab zwar so ein Gefühl dazu, aber das ist echt schwer in Worte zu fassen«, dann ärgere Dich bitte nicht: Ich habe in den letzten Jahren nur sehr wenige Menschen kennengelernt, die spontan eine Antwort auf diese schwierigen Fragen parat hatten.

Kein Wunder, ist der Sinn des Lebens doch ein sehr großes, komplexes und auch philosophisches Thema. Wenn Du Dich jetzt aber eine Weile ernsthaft mit ihm auseinandersetzt, kommst Du mit Sicherheit zumindest auf ein paar erste Formulierungen, die Deinen Lebenssinn umschreiben. Das reicht mir aber nicht aus! Ich möchte, dass Du am Ende dieses Kapitels den Sinn Deines Lebens präzise in nur einem einzigen Verb ausdrücken kannst. Denn ich verspreche Dir, wenn Dir das mit meiner Unterstützung gelingt, dann bringt Dich das auf dem Weg in eine glückliche Beziehung nicht nur einen Schritt, sondern gleich einen ganzen Quantensprung weiter. Die Kenntnis über Deinen Lebenssinn führt Dich nämlich beinahe wie ein Kompass zum Glück in Deinem Leben und hilft Dir außerdem dabei, auch schwierige Momente oder Phasen viel besser zu überstehen.

Schon in der Antike unterschieden die Philosophen zwei verschiedene Arten eines guten Lebens: Zum einen das durch

Genuss und Freude gekennzeichnete, das Du vielleicht unter dem Begriff Hedonismus kennst, und zum anderen das sinnerfüllte, tugendhafte, das man mit Eudämonie umschreibt.

Ein Mensch, der ein Leben nach hedonistischen Prinzipien führt, reiht ein Event, eine Anschaffung, ein Highlight ans nächste – um möglichst viele Glücksmomente zu konsumieren. Er verfolgt mit ihnen kein »größeres« Ziel, sondern möchte einfach so viel Spaß, Entertainment und Nervenkitzel wie möglich in seinem Leben haben. Das kann zwar klappen, aber führt leider sehr oft dazu, dass sich in den Phasen zwischen den Highlights ein Gefühl von Leere breitmacht – und sogar Stress entsteht, sich schnell um die nächste Shoppingtour, die nächste Party oder den nächsten schicken Restaurantbesuch mit dem Partner zu kümmern.

Menschen, die ein eudämonistisches Leben führen, haben eine ganz andere Art und Motivation, Glücksmomente zu erleben. Ihnen geht es nicht in erster Linie darum, einfach irgendetwas Tolles oder Aufregendes zu erleben, sondern sie begegnen dem Tollen und Aufregenden eher nebenbei auf dem Weg zu einem größeren Ziel, das sie erreichen möchten. So ein Ziel könnte zum Beispiel lauten, »anderen Menschen helfen«, »mit einem Produkt die Welt verbessern«, »Wissen an die nachfolgende Generation weitergeben« oder auch etwas wie »die ganze Welt bereisen«. Dieses Ziel ist der Antrieb, der Sinn, den diese Menschen in ihrem Leben sehen. Und wenn sie einer Tätigkeit nachgehen, die diesem Lebenssinn entspricht, dann gehen sie darin vollständig auf, sind mit sich und der Welt im Reinen. Dabei muss diese Tätigkeit noch nicht mal immer Spaß machen, angenehm sein oder leicht von der Hand gehen – sie macht einfach glücklich, weil sie der Person *sinnvoll* erscheint. Diese Art von Glücksgefühl hält meist noch lang über das eigentliche Erlebnis hinaus an, weil es sie auf einer ganz tiefen Ebene erfüllt.

Bestimmt kennst auch Du, wenn Du im Geiste Deinen Freundeskreis durchgehst, Leute, die Du eher der einen, und Leute, die Du eher der anderen Lebensweise zuordnen würdest. Wenn Du magst, versuch doch bitte mal, diese und jene Menschen ein bisschen miteinander zu vergleichen:

Wie erlebst Du diejenigen, die in einer Leidenschaft für etwas aufgehen, im Allgemeinen?

Wie zufrieden mit sich und ihrem Leben sind sie, wie gelassen und selbstbewusst kommen sie Dir vor?

Und wie sieht es bei denen aus, die eher auf Konsum und Entertainment aus sind, ohne ein bestimmtes Thema zu haben, das ihnen am Herzen liegt?

Natürlich kann man solche Dinge nie verallgemeinern. Aber: Die Wahrscheinlichkeit, dass die Menschen, die ein sinnerfülltes Leben haben, eher der gelassenen, selbstsicheren Person ähneln, die wir als beste Voraussetzung des Beziehungsglücks identifiziert haben, ist groß.

Sinnerfüllte Menschen, so hat auch die Psychologin Tatjana Schnell von der Universität Innsbruck herausgefunden, sind »hoffnungsvoller und optimistischer (...). Sie erfahren sich als kompetenter, als selbstbestimmter und auch als sozial besser eingebunden«, weshalb sie weniger zu »emotionaler Überempfindlichkeit« neigen.

Nun habe ich Dir schon erzählt, dass es nur wenige Menschen gibt, die ihren Lebenssinn überhaupt spontan benennen können – das macht es natürlich auch schwierig, nach ihm zu leben. Allerdings gibt es einen guten Grund dafür, dass uns die Antwort auf die Frage nach dem subjektiven Lebenssinn so schwerfällt: Sie ist einfach noch ziemlich jung. Noch vor 50 Jahren wurde sie für die meisten einfach von der Religion beantwortet. Ein frommes Leben nach den Regeln des Christentums zu führen, um irgendwann in den Himmel zu kommen, war überspitzt gesagt der kollektive, übergeordnete Sinn, den die Mehrheit der Menschen in der westlichen Welt in ihrem Dasein sah. Die Suche nach einem alternativen oder gar zusätzlichen individuellen Lebenssinn spielte von daher gar keine Rolle. Erst seitdem immer weniger Frauen und Männer gläubig sind, ist an dieser Stelle ein »Loch« entstanden, das die Menschen mit einem subjektiven Lebenssinn, mit Konsum oder – Achtung, hier schließt sich ein Kreis – auch mit der Liebe zu füllen versuchen:

»Der Mythos der Liebe ist der Leitstern unserer Zeit: Das einzige Ziel des Lebens ist es, Mr. oder Mrs. Right zu finden«, heißt es in einem Artikel, der 2014 unter dem provokanten Titel »Ersatzreligion Liebe«[7] in der *Frankfurter Allgemeinen Zeitung* erschienen ist und sehr kritisch darüber berichtet, wie viele Menschen ihren Sinn und ihr Glück heutzutage in Beziehungen suchen. Die Quintessenz des Artikels ist ähnlich wie die Botschaft von »Goodbye Beziehungsstress«: »Wer sich von der Liebe den Himmel auf Erden verspricht, wird sich (und anderen) das Leben zur Hölle machen. Maßlose, ins Religiöse gesteigerte Erwartungen überfordern alle Beteiligten und führen zu bitteren Enttäuschungen.«

> Wieder mal brauchen wir einen Stift und mehrere Zettel. Setz Dich gemütlich hin, zeichne eine Tabelle mit drei Spalten und schreibe darüber »Alles, was ich in meinem Leben noch werden, machen und sein möchte«.

---

[7] http://www.faz.net/aktuell/gesellschaft/menschen/egoistische-zweisamkeit-ersatzreligion-liebe-13152087-p2.html

Alles, was ich in meinem Leben noch werden, machen und sein möchte:

werden	machen	sein

Nun fülle die einzelnen Spalten mit Leben! Im Grunde kannst Du »werden«, »machen« und »sein« so auslegen, wie Du möchtest. Mir hat bei dieser Übung (die übrigens aus der Positiven Psychologie stammt und »To-be-Liste« heißt[8]) folgende Überlegung geholfen: In die Spalte »werden« habe ich alles eingetragen, was meinen Charakter betrifft (dort stand bei mir etwa »gelassener«). In die Spalte »machen« kam alles, was ich noch erleben oder umsetzen wollte, also zum Beispiel »im Tierschutz aktiv sein«, »Menschen helfen« oder »auf dem Land leben«. Und in die Spalte »sein« gehörte herein, in welchen Rollen ich mich in der Zukunft gern noch sehen wollte: »Mutter«, »Autorin«, »Ruhepol« und auch »beruflich erfolgreich«. Aber wie gesagt: Die Spalten lassen sich nicht klar voneinander abgrenzen, und es geht auch viel mehr darum, dass sie Dich dazu inspirieren, Dir möglichst viele Punkte einfallen zu lassen.

---

8 Die To-be-Liste wurde von Dr. Judith Mangelsdorf und Dr. Christin Celibi entwickelt, bei denen ich im Rahmen meiner Ausbildung an der Deutschen Gesellschaft für Positive Psychologie lernen durfte. Viele der weiteren Übungen, die ich Dir hier vorstelle, stammen ebenfalls aus der Positiven Psychologie. Für weitere Informationen besuche bitte die Website www.dggp-online.de.

Wenn Du mit Deiner Tabelle fertig bist, schauen wir auf einem neuen Zettel in Deine Vergangenheit:

Was von den Dingen, die Du in Deinem bisherigen Leben warst oder gemacht hast, war für Dich von besonderer Bedeutung, hat Dich erfüllt und zufrieden gemacht?

Auf dieser Liste tauchten bei mir Begriffe wie »Selbstständigkeit«, »Tier- & Natur-Mensch« oder »empathisch« auf. Und vermutlich fällt Dir schon auf, dass das ganz gut zu den Begriffen in meiner Tabelle passt. Wie sieht das bei Dir aus? Auf welche Momente, Meilensteine oder Phasen in Deinem Leben blickst Du zurück und denkst »Ja, darauf bin ich stolz«, »das entspricht total meiner Persönlichkeit«, »da war (und bin) ich in meinem Element« oder »Das würde ich gern noch mal erleben«?

Nachdem Du nun all das gesammelt hast, markiere bitte die Punkte auf beiden Zetteln, die Dir ganz besonders wichtig sind. Natürlich spielen alle irgendwie eine wichtige Rolle, aber es gibt ganz sicher welche, von denen eine besondere Energie ausgeht oder bei denen Dein Herz schon beim Lesen etwas schneller schlägt. Also: Kreuz dran!

Prima. Jetzt machen wir, wie vorhin schon einmal, auf dem Boden weiter. Schreib all die Punkte, die Du als ganz besonders wichtig markiert hast, einzeln, groß und deutlich jeweils auf ein eigenes Blatt Papier. Dann legst Du sie vor Dir in den Raum.

Nachdem Du so einen guten Überblick hast, wollen wir die Zettel möglichst wieder in eine Reihenfolge bringen: Welcher Punkt ist der allerwichtigste? Und wie sortieren sich die anderen unter ihm ein? Du kannst testweise ein Ranking auf den Boden legen und es dann – unten beginnend – von Zettel zu Zettel durchlaufen (also tatsächlich auf jedem einzelnen Punkt mit beiden Füßen kurz stehen bleiben). Fühlt es sich so schon stimmig an, wenn Du auf einem Blatt stehend nach oben (vorn) und unten (hinter Dich) guckst? Oder muss doch noch etwas verschoben werden?

Trommelwirbel! Nun ist Kreativität gefragt. Sobald Deine Reihenfolge steht, ist der nächste Schritt nämlich, aus ihr so eine Art »Oberthema« über Dich als Person abzulesen.

Kannst Du einen Zusammenhang zwischen all Deinen Zetteln erkennen – besonders bei denen, die ganz oben liegen? Und kannst Du einen Satz oder ein Motto formulieren, der dieses Thema beschreibt? In meinem Beispiel könnte er etwa lauten: »Elena ist ein Mensch, dessen Energie darauf abzielt, anderen Lebewesen (Menschen, Tieren, Pflanzen) zu helfen, sie zu unterstützen und sie zu befähigen, glücklich zu sein.« Andere Sätze, die ich schon gehört habe, waren »Für Daniel ist das Wichtigste, die Welt, die Natur, das Essen und Trinken in vollen Zügen zu genießen«, »Sarah möchte in ihrem Leben möglichst viel Wissen erwerben« oder »Finn ist ein erwachsener Mann, der am liebsten das Kind in sich auslebt«.

Am besten, Du probierst einige Sätze über Dich aus und sprichst sie Dir laut vor. Ob Du die Sache wirklich so richtig auf den Punkt gebracht hast, kannst Du daran erkennen, dass Du am Ende Deines Satzes plötzlich ein deutliches Ausrufezeichen hörst, ein Gefühl von: »Genau so ist es – und nicht anders!«

Nun sind wir schon fast fertig. Das Einzige, was noch fehlt, ist eine letzte Reduktion:

Ich möchte, dass Du Deinen Satz, den Du gerade gefunden hast, jetzt auf ein einzelnes Verb reduzierst. Ja, das ist möglich. Jedes Motto beinhaltet eine Quintessenz – einen Kern also, der als große Motivation hinter allem steht.

Was würdest Du zum Beispiel über mich sagen, wenn Du weißt, dass ich ein Mensch bin, »dessen Energie darauf abzielt, anderen Lebewesen zu helfen, sie zu unterstützen und sie zu befähigen, glücklich zu sein«? Was ist das »Tu-Wort« dahinter, das mich antreibt? »Zu helfen« war mir damals zu kurz gegriffen, denn ich möchte Menschen selbstständiger und nicht von meiner Unterstützung abhängig machen. Über »unterstützen« habe ich auch eine Weile nachgedacht. Aber dann wurde mir klar, dass vor dem Unterstützen eigentlich noch ein ganz anderer Impuls lag: zu lieben! Ich liebe Menschen, ich liebe Tiere und die Natur. Und aus dieser Liebe heraus erwächst meine Lebensmotivation: Ich

> möchte, dass es allen Lebewesen gut geht. Daniel, den ich oben zitiert habe, kam auf »genießen«, Sarah auf »lernen« und Finn auf »spielen«. Welches ist das Verb, das Deinen Lebenssinn zusammenfasst?

Ich erinnere mich noch genau an den Augenblick, als ich meinen Lebenssinn das erste Mal schwarz auf weiß vor mir sah. Ich fühlte mich in diesem Moment so auf den Punkt gebracht, in meiner Person erfasst. Und plötzlich wurde mir so vieles über mich selbst klar: Warum ich mich schon im Kindergarten für Schwächere eingesetzt habe, mich immer dort am wohlsten fühle, wo viele Tiere um mich herum sind, ich in meinem ehemaligen Job in einer PR-Agentur nicht glücklich war und mir die Idee für *Die Liebeskümmerer* kommen »musste«.

Wie geht es Dir mit Deinem Verb? Was sagt es Dir über Deine Vergangenheit? Geh mental Phasen durch, in denen Du besonders glücklich, und Phasen, in denen Du eher unglücklich warst. Wie sehr hast Du in den einen wie den anderen Deinen Lebenssinn ausgelebt? Und wenn Du Dich als Kind betrachtest: Spielte Dein Lebenssinn auch damals schon eine Rolle? Die Wahrscheinlichkeit ist sehr groß.

Das Wissen über Deinen Lebenssinn hilft Dir nicht nur dabei, Deine Vergangenheit noch besser zu verstehen. Dein Lebenssinn ist Inspiration, Messlatte und Leitstern: Du kannst nun überlegen, wie Du Dein Leben so gestaltest, dass Du ihn bestmöglich auslebst – welche der Glücksquellen, die Du Dir bisher notiert hast, kommen ihm besonders nah?

Du kannst außerdem überprüfen, ob Dinge, die Du momentan ganz selbstverständlich tust, zu Deinem Lebenssinn passen – das werden wir uns im Kapitel über die Super-Quelle »Arbeit« gleich zunutze machen.

In Momenten, in denen Du vielleicht einmal die Orientierung

verloren hast, weil Dir in Deinem Leben etwas Trauriges, Schlimmes oder Schmerzhaftes widerfahren ist, hilft Dein Lebenssinn Dir dabei, die Richtung wiederzufinden und stark zu sein.

Ich bin mir sicher, dass Du Dir Dein Verb und damit das Ergebnis dieser Übung ausnahmsweise nicht für unser späteres Trainingsprogramm zu notieren brauchst. Denn hat man einmal das richtige Wort gefunden, brennt es sich ohnehin für alle Zeiten tief ins Gedächtnis ein.

 Es kann vorkommen, dass Dir beim Ausfüllen Deiner »To-be-Liste« in erster Linie oder sogar ausschließlich Dinge eingefallen sind, die im Zusammenhang mit einer Beziehung stehen. In diesem Fall würde ich Dir vorschlagen, Dich damit nicht zufriedenzugeben. Wie verändert sich Deine To-be-Liste beispielsweise, wenn Du sie noch mal aus der Perspektive Deines inneren Kindes ausfüllst? Was war Dein Lebenssinn, bevor Du gelernt hast, dass Dein größtes Ziel eine feste Beziehung sein sollte? Blättere dazu auch noch einmal Deine Notizen von vorhin durch, und lass Dir das folgende Zitat, das ich aus der wundervollen Dokumentation »Human« von Yann Arthus-Bertrand habe, auf der Zunge zergehen:
»Ein Freund sagte einmal zu mir: ›Das Leben ist, als würde man eine Botschaft des Kindes, das man einst war, dem alten Mann übermitteln, der man sein wird. Man muss dafür sorgen, dass die Botschaft unterwegs nicht verloren geht.‹ Daran denke ich oft. Als ich nämlich klein war, stellte ich mir oft schöne Dinge vor. Ich träumte von einer Welt ohne Bettler, einer Welt voll glücklicher Menschen. Einfache, subtile Dinge. Aber so etwas vergisst man im

Laufe des Lebens. Man arbeitet einfach, um Dinge kaufen zu können. Und man sieht den Bettler nicht mehr. Er ist einem egal. Wo ist die Botschaft des Kindes, das ich war? Vielleicht ist der Sinn des Lebens, dafür zu sorgen, dass diese Botschaft nicht verloren geht.«

Super-Quelle »Arbeit«

Glück und Arbeit: Für die einen gehören beide untrennbar zusammen – für andere hingegen sind sie ein kompletter Widerspruch. Zu welcher Gruppe gehörst Du?

Falls Du jeden Morgen freudig aufstehst und richtig Lust auf das hast, womit Du Dein Geld verdienst, dann kannst Du – wenn Du magst – dieses Kapitel überspringen. Doch falls Deine Arbeit für Dich oft eher eine Verpflichtung ist, Du insgeheim meist schon auf den nächsten Urlaub, das nächste freie Wochenende oder den Feierabend hin lebst, dann lies bitte aufmerksam weiter.

Die meisten von uns verbringen mit der Arbeit einen Großteil ihrer (wachen) Lebenszeit. Und man sollte annehmen, dass allein die Tatsache, dass das so ist, dazu führt, dass wir alle schon von Kindesbeinen an darin bestärkt und unterstützt werden, den einen Beruf zu finden, der uns wirklich Freude macht. Dass wir Zeit bekommen, verschiedene Dinge auszuprobieren, die Möglichkeit haben, unsere Interessen und Talente richtig kennenzulernen, und uns außerdem das Vertrauen geschenkt wird, dass wir selbst am besten wissen, was zu uns passt. Aber seien wir mal ehrlich: In den meisten Fällen sieht die Realität ganz anders aus.

Wenn die Job-, Ausbildungs- oder Studienwahl nach der Schule losgeht, haben viele Teenager nicht nur große Selbstwertprobleme oder wissen noch gar nicht, wer sie wirklich sind, sondern sehen sich auch mit den Wunschvorstellungen ihrer Eltern konfrontiert, müssen schnell eigenes Geld verdienen oder glauben nicht an ihr eigenes Potenzial – weil ihnen ihre individuellen Talente vielleicht brotlos oder, gemessen an den Maßstäben ihrer Umwelt, seltsam vorkommen. Also besser »etwas Anständiges« lernen. Auch für den Preis, dass man später tagein, tagaus etwas tut, das einen langweilt, stresst oder schlimmstenfalls unglücklich macht. Die gute Nachricht: Man kann daran auch im Erwachsenenalter noch etwas ändern, wenn man weiß, wie!

Der Wissenschaftler Dr. Martin Seligman, von dem ich Dir vorhin schon einmal kurz im Zusammenhang mit der Super-Quelle »Soziale Kontakte« erzählt habe, hat auch über das berufliche Glück geforscht. Seine Erkenntnis: Wenn Menschen Zufriedenheit und Erfüllung in ihrer Arbeit finden, dann hat das meist damit zu tun, dass sie in ihrer Tätigkeit ihre sogenannten »Signaturstärken« in besonderem Maße einsetzen können. Signaturstärken sind unter all den Stärken einer Person die, die sie als besonders authentisch und als bedeutsamen Bestandteil ihres Selbstbildes empfindet. Ein Beispiel:

Es könnte sein, dass jemand besonders talentiert darin ist, selbst das größte Chaos mit Hingabe und Ausdauer zu sortieren (ich muss da sofort an Steuerunterlagen denken …) und außerdem eine große Gabe hat, Kindern Wissen zu vermitteln. Beides sind Stärken. Aber während die Person die Sache mit dem Sortieren vielleicht als praktisch empfinden würde, würde sie für das Lehren brennen, und sie würde sagen: »Ja, *das* bin wirklich ich!« Letzteres wäre dann eine Signaturstärke, während das Erste eben nur eine einfache Stärke ist.

Das Entscheidende: Wer vier oder mehr seiner Signaturstärken während der Arbeit einsetzen kann, so fanden auch der

Schweizer Professor Willibald Ruch und seine deutsche Kollegin Dr. Claudia Harzer heraus, empfindet seinen Beruf eher als Berufung.

Klingt das nicht toll? Stell Dir vor, Du hättest eine Arbeit, die Dir so viel Spaß macht, dass Du Dich schon beim Einschlafen auf den nächsten Morgen freust. Dein Beruf würde Dich plötzlich nicht mehr müde machen und auslaugen, sondern Dir regelrecht Flügel verleihen, weil Du während der Arbeitszeit im »Flow« wärst. Vielleicht würde es Dir plötzlich sogar schwerfallen, Dein Arbeits-Ich ganz klar von Deinem privaten Ich zu trennen, weil Deine Tätigkeit so gut zu Dir passt.

Wie würdest Du Deinem Partner nach einem Arbeitstag begegnen, an dem Du so voll von positiver Energie und Begeisterung warst? Wie würde sich diese Tätigkeit auf Deinen Selbstwert auswirken und auch auf die Liebe zu Dir selbst? Ich bin mir ziemlich sicher, dass Du gerade das Gleiche denkst wie ich: Das wäre super! Und deshalb schlage ich vor, dass wir keine Zeit verschwenden und uns sofort daranmachen, Deine Signaturstärken herauszufinden.

> Auf der Website www.gluecksforscher.de findest Du einen Online-Test zur Ermittlung Deiner Signaturstärken, der dort von der Deutschen Gesellschaft für Positive Psychologie, der Universität Potsdam und der Freien Universität Berlin bereitgestellt wird. Bitte besuche die Website und fülle den Fragebogen aus, womit Du in etwa 15 Minuten beschäftigt sein wirst. Am besten druckst Du Dir die Ergebnisse anschließend aus.

Schau Dir Deine Signaturstärken einmal sehr genau an (als Signaturstärken gelten, wie Du auf der Website bestimmt schon gelesen hast, alle Stärken, bei denen Du im Fragebogen zwischen

76 und 100 Punkte erreicht hast): In welchem Umfang kannst Du sie in Deinem aktuellen Job einsetzen? Sind Deine Top-vier-Signaturstärken zum Beispiel Teamwork, Führungsvermögen, Kreativität und Sinn für das Schöne, und Du leitest ein Team in einer Werbeagentur, betreibst mit ein paar Mitarbeitern eine Kunstgalerie oder gestaltest als Webdesigner mit Deinen Kollegen zusammen neue Internetseiten? Dann fühlst Du Dich vermutlich ziemlich wohl mit Deiner Arbeit!

Wenn Du allerdings dieselben Signaturstärken hast und jeden Tag allein in einem Büro sitzt, in dem Du als Buchhalter/in tätig bist, macht Dir Dein Job mit großer Wahrscheinlichkeit keine wirkliche Freude. Es sei denn, Du setzt Deine große Kreativität dafür ein, auch in dieser Situation noch etwas Schönes zu finden ... Aber Spaß beiseite. Sofern Du festgestellt hast, dass Deine jetzige Arbeit eigentlich gar nicht zu Deinen Signaturstärken passt, hast Du zwei Möglichkeiten:

Du kannst entweder nach Wegen und Möglichkeiten Ausschau halten, wie Du ihnen in Deinem bestehenden Beruf mehr Platz einräumst – beispielsweise, indem Du bei der Signaturstärke Teamwork nach Teamarbeit Ausschau hältst, bei Liebe zum Lernen öfter Fortbildungen machst oder Dir langfristige Aufgaben suchst, falls Ausdauer zu Deinen Signaturstärken gehört.

Solltest Du allerdings feststellen, dass es dafür innerhalb Deiner aktuellen Jobsituation keine Möglichkeiten gibt oder dass Deine Signaturstärken sogar in einem richtig krassen Widerspruch zu dem stehen, womit Du momentan Dein Geld verdienst (das könnte zum Beispiel der Fall sein, wenn Soziale Intelligenz, Fairness und Freundlichkeit bei Dir besonders stark ausgeprägt sind, Du aber täglich Leuten ein Produkt verkaufen musst, von dem Du selbst überhaupt nicht überzeugt bist), dann ist es möglicherweise an der Zeit, Dich neu zu orientieren: Welche Berufe fallen Dir ein, in denen Du mehr »Du selbst« sein, also Deine Signaturstärken ausleben könntest? Und dadurch nicht nur für Deinen Lohn, sondern auch für Dich selbst arbeitest? Vielleicht hast Du schon lang irgendwelche anderen Tätigkeitsfelder im Hinterkopf, denkst darüber nach, Dich selbstständig zu machen, oder hattest als Kind einen ganz großen Berufswunsch. Wirf auch unbedingt noch einmal einen Blick auf die Glücksquellen, die Du Dir bei den vorhergehenden Übungen notiert hast: Inspirieren sie Dich vielleicht zu Jobs, bei denen Du ein Hobby zum Beruf machen könntest? Bitte gleiche all diese Ideen mit Deinen Signaturstärken ab.

Wenn Du neben Deinen Signaturstärken als weiteres Kriterium nun auch noch Deinen Lebenssinn mit einfließen lässt, ist das besonders aufschlussreich. Unterstützt oder befähigt eine Arbeit Dich dabei, Dein Verb aus dem letzten Kapitel zu verfolgen? Und zwar ziemlich direkt und ohne, dass Du dabei um fünf Ecken denken musst?

Ich weiß natürlich, dass es selbst vor dem Hintergrund dieser Erkenntnisse aufgrund von finanziellen Zwängen, dem eigenen Lebensalter, dem Ausbildungshintergrund, Verantwortung für die Familie oder gesundheitlichen Problemen sehr schwierig sein kann, sein eingefahrenes Jobgleis tatsächlich noch mal zu verlassen oder die Weichen auch nur ein bisschen anders zu stellen.

🤝 Dennoch möchte ich Dich dazu ermutigen, nicht aufzugeben, ehe Du wirklich alle (!) Dir zur Verfügung stehenden Optionen durchdacht und geprüft hast. Denk daran, was für eine große Verbesserung eine Arbeit, die Dich erfüllt, für Dein Lebensglück und damit Deinen Selbstwert und Deine Gelassenheit bedeuten würde und welch großen Effekt das auch auf Deine Partnerschaft hätte.

Ich kenne so viele Menschen, denen eine berufliche Veränderung auch entgegen widrigster Umstände gelungen ist – und ich habe beobachtet, was das mit ihnen gemacht hat! Denn eins ist ganz wichtig: In dem Moment, in dem Du in Deiner Berufung angekommen bist, werden in Dir Energien freigesetzt, von denen Du vielleicht noch gar nicht zu träumen wagst. Und was Dir jetzt noch unmöglich erscheint, geht Dir dann ganz leicht von der Hand.

🤝 Halte Dich nicht damit auf, Deine Schwächen zu stärken, Dich in einem Joballtag zu verbiegen, der gar nicht zu Dir passt. Sondern fang an, Deine Stärken zu stärken!

Super-Quelle »Freizeit«

Eigentlich mag ich das Wort Freizeit gar nicht. Weil ich mich immer frage: Wenn das eine Freizeit, also *freie* Zeit ist, was ist dann eigentlich das Gegenteil davon? *Unfreie* Zeit? Ich weiß, ich weiß, das ist ziemlich spitzfindig und Freizeit einfach ein Begriff, um die Phasen, in denen man nicht arbeitet, von den anderen abzugrenzen. Aber das entspricht eben so gar nicht meiner Vorstellung von einem glücklichen, erfüllten Berufsleben. Frei(willig) sollte im Idealfall nämlich beides sein. Der einzige Haken: Nicht immer ist der Idealfall der Fall.

Immer wieder begegnen mir Menschen, die mir davon berichten, dass ihnen in Momenten, in denen sie selbst für ihre Freizeit verantwortlich sind – zum Beispiel, weil der Partner etwas anderes vorhat, weil sie ein Wochenende allein verbringen oder gerade Single sind –, die Decke auf den Kopf fällt. »Solange ich arbeite«, erklären sie mir oft, »geht es irgendwie noch, da habe ich ja was zu tun. Aber wenn viel unverplante Zeit vor mir liegt, kriege ich manchmal richtig Panik. Weil mir ohne Partner gar nichts Spaß macht. Das endet dann oft damit, dass ich zu Hause auf dem Sofa sitze und zappe oder krampfhaft versuche, irgendwas zu shoppen, zu erledigen oder irgendwen zu treffen, um bloß beschäftigt zu sein.«

Das klingt ganz schön anstrengend, oder? Und tatsächlich empfinden Menschen, die diese Art von Leere kennen und andauernd den Druck fühlen, irgendetwas zu organisieren, um bloß nicht ohne eine sinnvolle Beschäftigung zu sein, ihr Leben nicht selten als stressig und sich selbst permanent als getrieben und rastlos. Das führt dazu, dass sie für ihre eigene Entspannung und ihr Glück ganz dringend einen Partner brauchen – und außerdem verstellt es ihnen auch den Blick darauf, was ihnen wirklich Spaß machen könnte. Wer so unter Anspannung steht, für den ist es logischerweise schwer, sich überhaupt mal auf sich selbst zu konzentrieren.

Damit unsere Freizeit für uns zu einer Super-Quelle des Glücks werden kann, ist die wichtigste Voraussetzung deshalb, dass wir lernen, entspannt mit uns allein zu sein – und zwar auch dann, wenn nichts Besonderes ansteht, nichts geplant ist und es rein gar nichts zu erledigen gibt. Dann können wir alle und kannst auch Du das, was Du in den vergangenen Kapiteln über Deine Kindheitsträume, mögliche (neue) Hobbys, Deinen Lebenssinn und Dein soziales Netz herausgefunden hast, noch viel besser auskosten.

Erst dann, wenn Aktivitäten, die Du unternimmst, garantiert keine Beschäftigungstherapien oder Ablenkungsmanöver mehr sind (weil Du weißt, dass Du genauso gut einfach in Ruhe zu Hause bleiben könntest), können sie Dir wirklich Spaß machen.

In diesem Kapitel werden wir uns also der vordergründig so banalen, aber in Wahrheit sehr anspruchsvollen Aufgabe des

Alleinseins widmen. Hast Du eine Idee, was für so viele Menschen das Schlimme am Alleinsein ist?

Die Autorin Ursula M. Wagner, die ein Buch mit dem Titel »Die Kunst des Alleinseins« geschrieben hat, sagt: »Es ist eine tiefe, existentiell menschliche Angst, die beklommen danach fragt: Bin ich allein und verlassen?«[9]

Allein zu sein, das ist auch mein Eindruck, ist für zahlreiche Frauen und Männer gleichbedeutend mit »einsam sein« oder, wie Wagner es ausdrückt: »verlassen sein«. Wer allein zu Hause sitzt, der fühlt sich schnell ungeliebt, kommt sich andersartig vor, befürchtet, unfreiwillig etwas zu verpassen, während alle anderen in vollen Zügen ihr Leben leben. Oder er hat die (meist vollkommen irrationale) Sorge, dass das Alleinsein zum Dauerzustand werden könnte. All das spielt sich in unserem Kopf ab, während de facto gar nichts passiert. Anders gesagt: Dass das Alleinsein für viele von uns so schwierig ist, hängt vor allem damit zusammen, dass wir es so negativ bewerten.

Die Quelle solcher Bewertungen, die wir alle unbewusst ständig vornehmen, nennt man »innere Glaubenssätze«: Innere Glaubenssätze sind unsere tiefen und ganz individuellen Überzeugungen darüber, wie etwas ist und was wir für wahr halten. Erst dadurch, dass wir also innere Glaubenssätze wie »Nur Außenseiter sind allein«, »Allein zu sein ist vertane Zeit« oder »Ich darf mir keine Ruhe gönnen« besitzen, fühlt es sich blöd an, nichts vorzuhaben.

Nun stell Dir aber einmal vor, jemand würde plötzlich ganz im Gegenteil daran glauben, dass »Menschen, die besonders interessant sind, auch gern mal Zeit allein verbringen«, dass »allein zu sein sehr kostbar« ist und dass er sich wann immer

---

9 *Wagner, Ursula M.:* Die Kunst des Alleinseins. Theseus Verlag, 2012.

er möchte »Ruhe gönnen darf«. Vermutlich würde ein Abend zu Hause auf dem Sofa so plötzlich eine ganz neue, schöne Bedeutung bekommen. Oder?

Innere Glaubenssätze werden oft schon von klein auf geprägt und dadurch zu einem so festen Bestandteil unseres Weltbildes, dass wir es gar nicht mehr merken. Wir schieben alles, was wir den ganzen Tag erleben, einfach in Schubladen, die zu unseren inneren Glaubenssätzen passen. Denn indem wir uns diese immer wieder bestätigen, fühlen wir uns sicher in einer komplexen Welt, die wir (vermeintlich) verstehen. Dennoch kann man, wenn man es möchte, seine inneren Glaubenssätze einmal überprüfen – um sie dann vielleicht zu verändern.

> Falls Du Dich schwer damit tust, Zeit nur mit Dir selbst zu verbringen, möchte ich Dich jetzt bitten, Dir einmal Deine inneren Glaubenssätze über das Alleinsein anzuschauen.
>
> Bitte mach es Dir dort, wo Du gerade sitzt oder liegst, richtig bequem, schau Dir kurz die folgenden Fragen an, und schließe dann die Augen, um eine Weile über sie nachzudenken.
>
> Wenn Du an Personen denkst, die allein sind, was sind dann die ersten Bilder, die Dir dazu in den Sinn kommen? Wie sehen diese Menschen aus? Sind sie attraktiv oder unattraktiv, glücklich oder unglücklich, jung oder alt?
> Gibt es Redewendungen oder Sprüche, die Du aus Deiner Familie, von Freunden oder einfach aus Deinem Umfeld kennst, die sich auf das Alleinsein beziehen und die Du im Grunde irgendwie richtig findest? Vielleicht hat, als Du klein warst, jemand immer etwas Bestimmtes über den Nachbarn gesagt, der alleinstehend war? Etwa »Sei mal etwas umgäng-

licher, sonst endest Du noch wie ...«? oder »Bestimmt ist die eine ganz schlimme Zicke, wenn schon ihr eigener Mann immer vor ihr flüchtet«.

Denk an die letzte Situation, in der Du allein warst und Dich unwohl gefühlt hast: Erinnerst Du Dich noch, welche Gedanken Dir dazu durch den Kopf gingen und warum das Alleinsein so schwierig war? Hattest Du Angst, warst Du traurig oder vielleicht wütend? Was noch?

🤝 Nachdem Du über diese Punkte nachgedacht hast, ist in Dir vermutlich schon ein ganz gutes Gefühl dafür entstanden, was das Alleinsein für Dich bedeutet. Ich möchte, dass Du Deine Erkenntnisse jetzt in Glaubenssätzen ausformulierst, indem Du jeweils mit »Ich glaube daran, dass ...« beginnst. Bitte notiere Dir Deine Glaubenssätze auf einem Zettel.

Hier ein paar Beispiele von meinen Kundinnen und Kunden:

»Ich glaube daran, dass Alleinsein Furcht einflößend ist.«

»Ich glaube daran, dass ich von meinen Mitmenschen vernachlässigt werde, wenn ich allein bin, und fühle mich dann als Opfer.«

»Ich glaube daran, dass nur seltsame Eigenbrötler allein sind.«

»Ich glaube daran, dass ich nicht genüge, wenn ich einfach mal gar nichts tue.«

»Ich glaube daran, dass alle anderen ein spannenderes Leben haben als ich.«

»Ich glaube daran, dass ich immer unterwegs und unter Menschen sein muss, um liebenswert zu sein.«

»Ich glaube daran, dass alle mich bemitleiden und auf mich herabsehen, wenn ich allein bin.«

»Ich glaube daran, dass wenn ich einmal allein bin, die Gefahr besteht, dass ich in Zukunft immer allein bin.«

»Ich glaube daran, dass attraktive Menschen nie unfreiwillig allein sind.«

Hast Du einige Deiner Sätze notiert? Dann möchte ich, dass Du sie nun einmal kritisch hinterfragst: Stimmen sie wirklich? Ist das, was Du glaubst, wirklich und ganz sicher die Wahrheit?

Wenn wir also wieder ein paar der Beispielsätze von oben nehmen, würde das so aussehen: Sind *wirklich* nur seltsame Eigenbrötler allein? Haben *wirklich* alle anderen ein spannenderes Leben als Du? Und ist allein zu sein *wirklich* Furcht einflößend? Hat es *wirklich* etwas mit Dir zu tun, wenn zufällig mal alle Deine Freunde keine Zeit haben?

Oder gibt es womöglich genauso gut Argumente und Fakten, die gegen Deine persönlichen Glaubenssätze sprechen? Vielleicht kennst Du ja Menschen, die bei genauem Hinsehen gute Gegenbeispiele sind? Oder Du hast die Erfahrung gemacht, dass Dir in einer anderen Lebenslage eine eigentlich ähnliche Situation emotional ganz anders vorkam? Möglicherweise erkennst Du am Beispiel anderer auch besser als an Dir selbst, dass Du Deine strengen Glaubenssätze auf sie gar nicht anwenden würdest, sondern da viel großzügiger sein kannst?

Wenn Du Deine Gegenargumente und Fakten gesammelt hast und Dir klargeworden ist, dass Deine Glaubenssätze vielleicht gar nicht in Stein gemeißelt sein müssen, dreh Deine Sätze versuchsweise einfach ins Gegenteil um. Also:

»Ich glaube *nicht* daran, dass Alleinsein Furcht einflößend ist, sondern ich glaube daran, dass ab und zu allein zu sein etwas ganz Normales ist.«

»Ich glaube *nicht* daran, dass ich von meinen Mitmenschen vernachlässigt werde, wenn ich allein bin, und fühle mich dann als Opfer, sondern ich glaube daran, dass es immer mal Situationen geben kann, in denen gerade einfach niemand Zeit hat. Das hat nichts mit mir zu tun.«

»Ich glaube *nicht* daran, dass nur seltsame Eigenbrötler unfreiwillig allein sind, sondern ich glaube daran, dass jeder Mensch solche Situationen kennt.«

»Ich glaube *nicht* daran, dass wenn ich einmal allein bin, die Gefahr besteht, dass ich in Zukunft immer allein bin, sondern ich glaube an meine Erfahrung, dass Alleinsein und Nicht-Alleinsein ganz normale Phasen sind, die zum Leben dazugehören.«

Mach es Dir von heute an zur Aufgabe, in den kommenden Tagen und Wochen immer wieder nach Beispielen, Argumenten und Fakten zu suchen, die Deine positiven Glaubenssätze – also den Teil hinter dem »sondern« – über das Alleinsein bestätigen.

Halte nach Menschen Ausschau, die gern allein sind, richte Deinen Blick auf die positiven Aspekte des »Zeit mit sich allein«-Verbringens. Und erkenne, dass es viele Leute gibt, die Dich vermutlich sogar darum beneiden, wenn Du auch mal ganz entspannt und ohne die Ansprüche eines Partners, ohne quengelnde Kinder oder die Sorgen Deiner Familie einfach nur für Dich sein darfst.

Du wirst merken, wie sich schon bald Deine Sicht auf das

Alleinsein zu verändern beginnt und Dein Unwohlsein, wenn freie Zeit ansteht, nachlässt – allein dadurch, dass Du begonnen hast, Deine inneren Glaubenssätze zu hinterfragen, und nicht mehr zulässt, dass sie über die Bewertung Deiner Situation bestimmen. Je regelmäßiger und intensiver Du nach Beweisen dafür Ausschau hältst, dass Deine inneren Glaubenssätze über das Alleinsein vielleicht doch nicht so ganz richtig sein könnten, je mehr Du Deine Wahrnehmung also stattdessen darauf richtest, dass das Alleinsein durchaus auch viele gute und entspannte Seiten hat, umso gelassener wirst Du damit umgehen können.

Ich möchte Dir noch einen weiteren Trick verraten. Wenn es Dir schwerfällt, allein zu sein, kennst Du sicher auch einige der körperlichen Symptome, die so eine Situation mit sich bringen kann: Unruhe, Anspannung im Bauch oder in den Schultern, Essattacken oder Appetitlosigkeit, Schlaflosigkeit. Das alles sind Ausdrücke des seelischen Stresses, in dem Du Dich befindest.

Eigentlich schaltet man erst den seelischen Stress ab, damit die körperlichen Symptome verschwinden, die ganze Sache funktioniert aber tatsächlich auch in die andere Richtung: Indem Du Deinem Körper dabei hilfst, zur Ruhe zu kommen, signalisiert er Deiner Psyche: »Hey, es ist alles o. k. hier! Du kannst dich entspannen!« Dieses Wissen machen sich viele Psychotherapeuten heute zunutze, die mit körperorientierten Verfahren arbeiten, etwa in der Behandlung von depressiven Patienten. Mein Lieblingsbeispiel in diesem Zusammenhang ist die Hüpf-Tanz-Methode – denn versuch mal, richtig traurig und schlecht drauf zu sein, wenn Du zu Musik durch ein Zimmer hüpfst. Das ist gar nicht so leicht ...

Mein Vorschlag für Dich ist nun nicht, dass Du hüpfst (wobei das natürlich auch super ist, wenn Du Lust darauf hast –

Musik an!), sondern ich möchte Dir eine Möglichkeit zeigen, den Anspannungslevel Deines Körpers zu senken, um in Momenten des Alleinseins locker und positiv Dir selbst gegenüber zu bleiben.

Wenn Du das nächste Mal das Gefühl hast, dass Dir die Decke auf den Kopf fällt, kannst Du folgende URL aufrufen: www.die-liebeskuemmerer.de/laecheln

Dort habe ich für Dich eine ganz besondere Übung, die »Meditation des inneren Lächelns«[10], eingesprochen.

Lege oder setze Dich irgendwo ganz gemütlich hin, mache den Ton an Deinem Gerät an, und dann lass Dich einfach von meiner Stimme leiten.

Die Übung dauert etwa 15 Minuten. Du wirst feststellen, wie Dein Körper sich nach und nach entspannt, ein warmes, wohliges Gefühl sich breitmacht und wie dadurch auch Dein Herz und Dein Kopf zur Ruhe kommen. Du kannst die Meditation des inneren Lächelns sooft Du willst und bei verschiedenen Gelegenheiten wiederholen – sie nutzt sich nicht ab.

Wir sind nun am Ende der Super-Quellen angekommen. Damit hast Du all das herausgefunden, ausprobiert, getestet und gelernt, was Du für Dein tägliches Glücksherz-Training brauchst.

---

10 Angelehnt an: *Renn, Klaus:* »Dein Körper sagt Dir, wer Du werden kannst. Focusing – Weg der inneren Achtsamkeit«. Hörbuch. (2009)

Die Voraussetzungen dafür, dass Du jetzt ein richtiger Profi wirst, sind da – nun geht es nur noch darum, dass Du am Ball bleibst und übst, übst, übst!

Drei Monate Training bis zum Beziehungsglück

Du hast jetzt ganz viel über Dein Glücksherz erfahren: Wie es momentan aussieht, wonach es sich möglicherweise sehnt und was für eine große Rolle es für Dein Beziehungsglück spielen kann. Jede Menge Informationen dazu sind auf verschiedenen Zetteln gelandet, die ich Dich jetzt bitten würde, allesamt einmal vor Dir auszubreiten:

1. den Zettel mit der **Zeichnung Deines aktuellen Glücksherzens**
2. den Zettel, auf dem Du die Ergebnisse aus den Übungen **Wenn Du nur noch drei Monate zu leben hättest**, **Nachruf** und **Bucket-List** zusammengeführt hast
3. den Zettel mit **Glücksquellen aus Deiner Kindheit**
4. **Dein soziales Netz**
5. die **Auswertung Deiner Signaturstärken**
6. den Zettel mit Deinen **inneren Glaubenssätzen** über das Alleinsein, den **Gegenargumenten** und positiven Umformulierungen
7. und im Kopf: **Das Verb zu Deinem Lebenssinn.**

Wie Du weißt, ist das Herz ein Muskel – man kann es trainieren. Und das stimmt auch im emotionalen Zusammenhang: Je mehr Glücksimpulse Du an Dein Herz sendest, je mehr Zeit und Muße Du in sein Training investierst, umso größer, stabiler und widerstandsfähiger wird Dein Glücksherz werden. Belass es also nicht dabei, dass Du all das, was Du auf den letzten Seiten herausgefunden hast, nun weißt, sondern setze es von heute an an jedem einzelnen Tag um.

Ich möchte, dass Du in den kommenden drei Monaten jeden Tag mindestens 30 Minuten Deiner Zeit investierst …

♥ … um Dein aktuelles Glücksherz dem anzunähern, was Du in den Übungen »Wenn Du nur noch drei Monate zu leben hättest«, »Nachruf« und »Bucket-List« über seine heimlichen oder unerfüllten Wünsche herausgefunden hast – indem Du mit dem **Verwirklichen von Träumen** beginnst, die **Punkte auf Deiner Bucket-Liste angehst, in dem Bewusstsein lebst, wie kostbar jeder einzelne Deiner Tage ist,** und nach und nach **all die Dinge in Dein Leben lässt, die auf dem Zettel mit Deinen Notizen gelandet sind.**

♥ … um den **Glücksquellen aus Deiner Kindheit wieder Raum in Deinem Leben zu geben**: Sei verrückt, sei verspielt, scher Dich nicht darum, was »erwachsen«, »normal«, »angemessen« ist und was nicht. Trau Dich, Du zu sein! Denn das ist wunderbar!

♥ … um Kontakt zu den Menschen zu suchen, die in Deinem sozialen Netz fette Kreise, fette Pfeile oder beides bekommen haben. **Triff diese Menschen, gib ihnen den Stellenwert in Deinem Leben, den sie verdienen. Tausche Dich mit ihnen aus, plane gemeinsame Aktivitäten, stelle ihnen die 36 Fragen** »zum Verlieben«. **Geh auf neue Menschen zu**, zeig Dich ihnen offen und ehrlich, sei für sie ein Partner, dem sie sich anvertrauen und auf den sie sich verlassen können, der sie in den Arm nimmt und für sie da ist. So stehen die Chancen am besten, dass auch sie es für Dich sein werden.

♥ ... um Deine Signaturstärken im Rahmen Deiner Arbeit einzusetzen: Du kannst nach Wegen suchen, das in Deinem aktuellen Beruf zu tun – oder fang an, Deine Fühler nach neuen Perspektiven auszustrecken. **Rede mit Deinen Kollegen oder Vorgesetzten über neue Aufgabenbereiche**, die Deinen Signaturstärken entsprechen. Falls nicht, **recherchiere zu anderen Berufsfeldern, führe Bewerbungsgespräche** und **überprüfe Deine Rahmenbedingungen**. Werde aktiv!

♥ ... um das Alleinsein zu üben: **Suche gezielt nach Gelegenheiten, plane Abende zu Hause** oder **unternimm etwas nur mit Dir selbst**. Überprüfe Deine inneren Glaubenssätze. Und **entspann Dich mit der Meditation des inneren Lächelns**.

♥ ... um **Deinen Lebenssinn zu leben!** Such nach Aktivitäten und Themen, die Deinem Verb entsprechen. Und dann setze sie um, beschäftige Dich mit ihnen!

Am besten klappt das Training meiner Erfahrung nach, wenn Du all die Punkte, die auf Deinen ganz persönlichen Trainingsplan gehören, jeden Tag auf einen Blick vor Augen hast: Eine Kundin erzählte mir beispielsweise, dass sie sich zu diesem Zweck ein schönes Notizbuch besorgt habe, in das sie auf die ersten beiden Seiten all ihre Ergebnisse zu den verschiedenen Übungen schrieb, sodass sie jeden Tag nur ihr Buch aufzuschlagen und dann auszuwählen brauchte, was sie umsetzen beziehungsweise angehen wollte. Das übrige Buch nutzte sie dann, um immer mal wieder ihre Gedanken zu dem, was sie erlebt und ausprobiert hatte, zu Papier zu bringen oder um neue Ideen zu ergänzen.

Wenn Du gern kreativ bist, ist eine schöne Möglichkeit auch, Dir ein Poster zu gestalten, auf das alle Aspekte für Dein

Glücksherz-Training kommen: geschrieben, gemalt, geklebt, mit Fotos von Menschen aus Deinem sozialen Netz, Bildern von Aktivitäten, Kindheitserinnerungen. So eine Art Schaubild über das Glück in Deinem Leben, von dem Du Dich immer wieder neu inspirieren lassen kannst.

Falls Du es jedoch gern dezenter hast oder nicht möchtest, dass irgendjemand mitbekommt, wie Du trainierst, würde ich Dir raten, Dir einfach eine Liste auf Deinem Handy oder Computer anzulegen: Geh die sechs Punkte, die ich auf den vorherigen Seiten zusammengestellt habe, durch, zieh Deine Zettel hinzu und notiere Dir dann nach und nach alles, was Du in den kommenden Wochen und Monaten für Dein Glücksherz tun willst.

 Dein Glücksherz-Training ist für Dich, und es soll hier um *Deine* Bedürfnisse, Wünsche und Entwicklung gehen. Das bedeutet aber natürlich nicht, dass Du Dich mit (D)einem Partner nicht über Deine Erfahrungen und Überlegungen austauschen oder ihn mal an Aktivitäten teilhaben lassen kannst. Das Ziel meiner Methode ist keinesfalls, eine Beziehung für Dich entbehrlich oder gar überflüssig zu machen, sondern Dir die Chance zu geben, auf Basis Deiner persönlichen Zufriedenheit ganz neu, offen und entspannt auf den Menschen an Deiner Seite einzugehen – damit auch Euer *gemeinsames Glück* die besten Chancen hat zu wachsen.

Sollte Dein Partner auf die Tatsache, dass Du im Rahmen Deines Trainings vielleicht ungewohnt viel Zeit in Dich selbst investierst, dennoch erst einmal mit Irritation und Unverständnis reagieren, so bleib gelassen. Nimm ihm seine Angst, indem Du ihm erklärst, was Du da treibst, warum und wie er davon profitieren wird. Gib ihm »Goodbye Beziehungsstress« zu lesen. Und falls das nicht klappt, gesteh Euch beiden zu, dass so ein Veränderungsprozess nicht von heute auf morgen geschieht.

Erst, wenn Du noch nach Monaten das Gefühl hast, dass Dein Partner Dich auf dem Weg, Dein Glücksherz zu stärken, nicht begleiten möchte und es vielleicht sogar zu verhindern versucht, ist es an der Zeit, ernsthaft über zwei Dinge nachzudenken: Könnt Ihr Euch vorstellen, Euch gemeinsam zusätzliche professionelle Unterstützung im Form einer Paartherapie zu suchen? Falls das nicht klappt: Möchtest Du in dieser Art von Partnerschaft bleiben?

Falls Du gerade Single bist, brauchst Du Dir über diese Dinge nun gar nicht den Kopf zu zerbrechen. Vielmehr möchte ich Dir raten, die Partnersuche während der ersten Monate Deines Glücksherz-Trainings wenn möglich ein bisschen hintanzustellen: Konzentrier Dich jetzt erst mal auf Dich! Je weiter Du mit der Stärkung Deines Glücksherzens fortgeschritten bist, umso größer ist die Wahrscheinlichkeit, dass Du jemanden kennenlernst, mit dem zusammen – und nicht durch den – Du wirklich glücklich sein kannst. Auf die Plätze – fertig – lass Dein Training beginnen – los!

Die besten Sofortmaßnahmen für die Zwischenzeit

Ich habe es Dir schon angekündigt: Dein Glücksherz-Training wird, bis es so richtig wirkt, erst einmal etwas Zeit in Anspruch nehmen. Weil ich aber davon ausgehe, dass Du dieses Buch liest, da Du akut nicht zufrieden mit Deinem Beziehungsglück bist, möchte ich Dir für die Zwischenzeit bereits ein paar Sofortmaßnahmen an die Hand geben, um Deine Gelassenheit, Deinen Selbstwert, Deine Selbstliebe und Deine Vertrauensfähigkeit zu stärken und damit auf der Ich-Ebene etwas für Dein Beziehungsglück auf der Wir-Ebene zu tun.

> **Achtung:** Diese Maßnahmen ersetzen die langfristige Veränderung, die ein starkes Glücksherz Dir bringen wird, nicht! Denn während Du mit Deinem Glücksherz tief an der Wurzel ansetzt, arbeitest Du mit den Maßnahmen nur an den Symptomen. Für den Moment ist das o. k. – doch vernachlässige Dein Training bitte nicht!

Sofortmaßnahmen für mehr Gelassenheit

»Menschen, die eine glückliche Beziehung führen, zeichnen sich besonders häufig durch die Fähigkeit aus, Konflikte und Meinungsverschiedenheiten innerhalb ihrer Partnerschaft mit **Gelassenheit** überstehen zu können«, habe ich Dir vorhin auf Basis der Forschungsarbeit von Julia Peirano erklärt. »Man könnte also sagen, dass diese Menschen im Gleichgewicht bleiben und sich durch eine Kritik ihres Partners nicht so schnell aus der Bahn werfen lassen.«

Es geht also darum, auf Auseinandersetzungen oder einfach nur Differenzen mit einem Partner nicht *empfindlich* zu reagieren, sondern entspannt zu bleiben, selbst wenn der andere einmal auf einem total unverständlichen Standpunkt besteht, schlechte Laune hat oder rumgrummelt. Und während ich davon überzeugt bin, dass jene Gelassenheit vor allem dann entsteht, wenn man mit sich selbst im Reinen ist und die Verantwortung für sein Glück in die eigenen Hände nimmt (was Du jetzt tust!), gibt es dennoch eine Art Hitliste der Sofortmaßnahmen:

Mache Dir bewusst, dass Deine Gefühle durch Deine Gedanken entstehen.

Wenn Dein Partner abends nach Hause kommt und anstatt Dich mit einem Kuss zu begrüßen, direkt in seinem Arbeitszimmer verschwindet, denkst Du möglicherweise, dass er Dich durch sein Verhalten verletzt. Dass sein Desinteresse also dafür sorgt, dass Du Dich vernachlässigt, wütend oder vielleicht sogar ungeliebt fühlst. Das ist ein Irrtum.

Eigentlich ist es so, dass das, was Dich verletzt, Deine eigene Bewertung des Verhaltens Deines Partners ist. Seinen Rückzug ins Arbeitszimmer interpretierst Du als Desinteresse. Und erst durch diesen Gedanken fühlst Du Dich schlecht.

Was aber, wenn Du schon bei der Interpretation des Erlebten ansetzen würdest: Wenn Du zum Beispiel nicht denken würdest »Na toll, er ist so desinteressiert an mir, dass er mir nicht mal einen Kuss gibt«, sondern: »Oje, er muss ja einen richtig stressigen Tag gehabt haben, wenn er sofort weitermachen muss!« Merkst Du, wie sich sofort der Enttäuschungskloß in Deinem Bauch auflöst und Du stattdessen vielleicht sogar auf die Idee kommst, Deinen Partner zu fragen, ob alles o. k. ist?

> Ich möchte, dass Du von heute an in allen Situationen, in denen Du spürst, dass negative Gefühle wie Wut, Trauer, Ärger und Eifersucht Deinem Partner gegenüber in Dir aufkommen, innehältst und Deine Gedanken genau überprüfst: Richtet das Verhalten Deines Partners sich wirklich gegen Dich? Ganz sicher? Oder könnte es vielmehr etwas mit ihm selbst zu tun haben? Mit seinem Stress, seiner Unsicherheit, seinen Ängsten, seiner Unzufriedenheit? Du wirst schnell merken, dass Du in den meisten Situationen gar nicht wirklich die Zielscheibe Deines Partners bist – sondern dass Du nur ausgerechnet gerade derjenige bist, der seine Sorgen oder Probleme abbekommt.

Gesteh Deinem Partner zu, anders zu sein.

Oft haben wir die Tendenz, unserem Partner unsere eigene Meinung oder unsere Art, mit bestimmten Dingen umzugehen, aufzuzwingen, und sind enttäuscht und genervt, wenn er das anders sieht. Aber seien wir mal ehrlich: Wäre es *wirklich* cool, wenn Dein Partner Deine Kopie wäre? Vermutlich hast Du Dich ja gerade deshalb in ihn verliebt, weil Du bestimmte Dinge an ihm schätzt oder bewunderst, und das sind selten die Eigenschaften, die Du selbst auch hast.

> Akzeptiere oder besser noch begeistere Dich dafür, dass Dein Partner manche Dinge anders sieht oder anders regelt als Du selbst. Das ist o. k.! Schließlich willst Du nicht mit Deinem Klon zusammen sein.

Rede mit Deinem Partner.

Sicher kennst Du das befreiende Gefühl, wenn man über einen Konflikt, der lang im Raum stand, endlich einmal ganz offen spricht. Das gilt für alle möglichen Lebensbereiche: Stress mit Kollegen, in der Familie, unter Freunden. Nicht immer sind am Ende eines solchen Gesprächs alle Probleme gelöst, aber meist ist man sich doch irgendwie nähergekommen und der Druck auf angenehme Weise aus der Sache raus.

Wenn Du in Deiner Beziehung gelassener werden willst, ist es hilfreich, Meinungsverschiedenheiten, Konflikte oder Sorgen gar nicht erst lang unter der Oberfläche brodeln zu lassen.

> Wenn Dir etwas am Verhalten Deines Partners nicht passt oder Dir Bauchweh bereitet, sprich es möglichst frühzeitig an. Vermeide dabei die vier apokalyptischen Reiter Kritik, Verachtung, Rechtfertigung und Mauern, die ich Dir ab Seite 105 im Detail erklärt habe. Erkläre Deinem Partner stattdessen möglichst neutral, wie Du Dich fühlst, und frage ihn, wie es ihm mit der Situation oder dem Thema geht. So gibst Du Euch beiden die Chance, Euch immer wieder neu aufeinander zuzubewegen – und verhinderst gleichzeitig, dass in Dir unglückliche Gedanken brodeln.

Setz rechtzeitig Grenzen.

Natürlich kann und sollte man sich nicht jedes Verhalten des Partners »schöndenken«. Gelassenheit ist eine super Sache, aber sie darf nicht zur Selbstaufgabe führen. Um herauszufinden, in welchen Momenten Gelassenheit angebracht und in welchen eine Grenze die bessere Alternative wäre, habe ich zwei Vorgehensweisen für Dich:

Erstens frage Dich, was Du Dir von einem guten Freund gefallen lassen würdest. Würdest Du mit jemandem weiter befreundet sein wollen, der Dich belügt? Vermutlich eher nicht. Und wie wäre es mit jemandem, der Dich in einer Stresssituation heftig anraunzt? Könntest Du ihm als Freund so etwas verzeihen oder sogar Verständnis für ihn haben? Ich denke, schon eher. Zumal, wenn derjenige sich vielleicht entschuldigt. Kurzum: Nimm, um Deine Grenzen Deinem Partner gegenüber zu erkunden, mal ganz bewusst die rosarote Brille ab. Und dann entscheide, ob in der jeweiligen Situation Gelassenheit gefragt ist oder nicht.

Zweitens stell Dir in einer unklaren Situation einen Menschen vor, der Dir sehr am Herzen liegt: Wenn die- oder derjenige mit seinem Partner das Gleiche erleben würde, was würdest Du ihm raten zu tun? Würdest Du die Hände über dem Kopf zusammenschlagen und sagen »Oh Mann, das geht gar nicht!« oder eher beruhigen »Du, ich glaube, er meint das gar nicht so, es ist nicht so schlimm«? Bei anderen können wir unsere Grenzen häufig besser anwenden als bei uns selbst – zumal, wenn Gefühle im Spiel sind.

> Wenn Du in einer konkreten Situation gefühlt hast, dass eine Grenze hier passender wäre als Gelassenheit, dann kommuniziere Deinem Partner klar, deutlich und dennoch liebevoll: »Bis hier und nicht weiter!« Greif ihn dabei nicht an, kritisiere ihn nicht, sondern erkläre ihm einfach, dass an dieser Stelle für Dich die Linie des Untragbaren erreicht ist. So könnt Ihr darüber sprechen, findet entweder eine Lösung – oder leider auch nicht. Wenn Du zu häufig damit konfrontiert bist, dass Dein Partner Deine Grenzen nicht wahrt oder gar absichtlich überschreitet, dann ist der Mensch, der aktuell an Deiner Seite ist, vielleicht nicht gut

> für Dich. Du kannst Dir Deine Gelassenheit dann besser für
> jemanden sparen, der sie verdient hat.

Sieh das Schöne.

In keiner Beziehung ist alles perfekt. Wenn zwei Menschen ihr Leben miteinander teilen, gibt es zwangsläufig auch Meinungsverschiedenheiten.

Bitte lies diese letzten beiden Sätze jetzt noch einmal. Und vielleicht noch ein drittes Mal. Einer der wichtigsten Schritte, um mehr Gelassenheit zu entwickeln, ist nämlich zu akzeptieren, dass sie wahr sind. Denn erst, wenn Du das getan hast, kannst Du aufhören, Perfektion in Deiner Partnerschaft anzustreben – das ist eine Sisyphosaufgabe, und ich garantiere Dir: So kommst Du nie ans Ziel, sondern machst Dir und Deiner Beziehung unnötigen Stress.

> Anstatt Dich darauf zu konzentrieren, was zwischen Euch
> nicht gut läuft, was Dir an Deinem Partner und seinem Ver-
> halten vielleicht nicht gefällt, richte Deinen Blick doch mal
> in die andere Richtung: Was zwischen Euch läuft toll? Was
> an ihm liebst Du? Halte nicht Ausschau nach dem Haar in
> der Suppe, sondern sei dankbar für das, was Du hast. Das
> entspannt ungemein!

Sofortmaßnahmen für mehr Selbstwert

Ich habe nachgezählt: Auf beinahe jeder sechsten Seite in »Goodbye Beziehungsstress« taucht das Thema »Selbstwert« auf. Im Zusammenhang mit Gelassenheit, im Zusammenhang mit Konfliktbewältigung, mit Vertrauen und vielem mehr. Dich überrascht das vermutlich genauso wenig wie mich – haben wir doch an so vielen Stellen im Buch festgehalten, dass ein guter Selbstwert quasi unerlässlich ist, wenn man eine glückliche Beziehung führen will.

Im Rahmen Deines Glücksherz-Trainings wirst Du durch die Beschäftigung mit Deinen Stärken, durch den Kontakt zu Menschen, die Dich schätzen, und schlichtweg indem Du immer mehr ganz Du selbst bist, Deinen Selbstwert sukzessive aufbauen. Ergänzend habe ich auch hier jedoch schon einmal einige Sofortmaßnahmen für Dich:

Dein Selbstwert-Stammbaum

Nimm einen Zettel, auf den Du einen schönen großen Baum zeichnest: Deinen Selbstwert-Stammbaum. Unten, in den Stamm des Baums, male bitte einen Kreis, in den Du Deinen Namen schreibst, und fülle diesen Kreis dann mit einem farbigen Stift so aus, wie Du den aktuellen »Füllstand« Deines Selbstwerts einschätzen würdest. Hast Du einen sehr kleinen Selbstwert, bekommt der Kreis also vielleicht nur eine kleine farbige Ecke – ist er eigentlich gut, ist der Kreis halb voll.

Anschließend platziere oben in die Krone, wiederum in Kreisen (wie Äpfel sozusagen), Deine Eltern, Deine Großeltern und alle Personen, von denen Du sagen würdest, dass sie in Deiner Kindheit und Jugend Einfluss auf die Entwicklung Deines Selbstwerts hatten – im positiven wie im negativen Sinn. Das können Geschwister sein, Lehrer, Freunde. Nun wiederhole für alle diese Personen bitte den Schritt mit dem Ausmalen des Kreises: Wie stark schätzt Du ihren Selbstwert ein? Wie hoch war also zum Beispiel der Selbstwert Deiner Mutter, wie hoch der Deines Vaters während deiner Kindheit und Jugend?

Wenn Du damit fertig bist, wirf bitte zunächst einen Blick auf Dein Bild: Was löst es in Dir aus, wenn Du so bunt auf weiß siehst, wie es um den Selbstwert in Deinem Stammbaum bestellt ist? Tanzt Du mit Deinem Füllstand aus der Reihe? Oder ist er im Gegenteil recht passend? Konnten Deine Eltern Dir unter Umständen deshalb keinen guten Selbstwert vermitteln, weil sie ihn selbst nicht besitzen?

Als Nächstes möchte ich, dass Du Verbindungszweige oder fette Bahnen zwischen Dir und all den Menschen einzeichnest, die einen stark positiven Einfluss auf Deinen Selbstwert hatten.

Überlege anschließend: Was *genau* haben diese Personen damals zu Dir oder über Dich gesagt oder gedacht? Was waren ihre stärkenden Botschaften für Dich? Warum denkst Du, dass sie Dir Selbstwert gegeben haben beziehungsweise gern hätten geben wollen?

Notiere Dir diese Sätze, trage sie bei Dir und erinnere Dich an ihren Inhalt, wann immer Dein Selbstwert nicht gut ist.

 Ich habe schon Fälle erlebt, in denen Menschen mir beim Erstellen ihres Selbstwert-Stammbaums ganz traurig gestanden, dass es in ihrer Kindheit und Jugend überhaupt niemanden gab, der an sie geglaubt habe, und ihnen entsprechend auch keine einzige stärkende Botschaft einfällt. Wenn es Dir ähnlich geht, würde ich Dich bitten, Dein Augenmerk auch auf Dein frühes Erwachsenenalter oder sogar bis ins Hier und Jetzt zu richten: Wo tauchen Menschen auf, die Dir positives Feedback zu Deiner Person gegeben haben, und wer waren sie? Sollte Dir auch auf diese Weise noch nichts einfallen, hat das nichts damit zu tun, dass Du nicht »o. k.« bist – sondern wahrscheinlich einfach mit Deinen Lebensumständen. Mach bitte einfach mit den nächsten Übungen weiter!

Positives Lästern

Für diese Übung brauchst Du ein paar Leute, denen Du vertraust. Zwei reichen allerdings schon! Am besten eignen sich gute Freunde. Wenn Ihr Euch das nächste Mal seht, schlage ihnen vor, dass Ihr einmal so richtig schön ablästert – aber ausnahmsweise mal nicht kritisch, sondern freundlich. Einer von Euch setzt sich dafür auf einen Stuhl, die anderen beiden nehmen irgendwo in seinem Rücken Platz und führen ein Gespräch über den »Abwesenden«, der zu allem, was er zu hören bekommt, absolut keinen Kommentar abgeben darf.

Was finden die beiden an der ersten Person so richtig toll? Was hat er oder sie schon wieder Gutes gemacht? Am amüsantesten wird die Übung, wenn die Lästerer richtig schön konspirativ-flüsternd miteinander sprechen – so als zögen sie wirklich gerade ganz schlimm über jemanden her.

Du musst nicht perfekt sein.

Menschen, die einen geringen Selbstwert haben, messen sich meist an ziemlich utopischen Idealen: Sie fühlen sich hässlich, weil die Kollegin im Büro nebenan 90-60-90-Maße hat. Oder gescheitert, weil drei von dreißig ehemaligen Schulkameraden heute gut laufende Unternehmen führen und sie nicht. Denn wir orientieren uns alle gern nach oben und sind Meister darin, dabei völlig aus den Augen zu verlieren, dass es eigentlich gar kein Oben und Unten gibt – sondern nur eine riesige Menge an sehr unterschiedlichen Menschen, mit jeweils individuellen Stärken und Schwächen.

Ich möchte deshalb, dass Du Deine üblichen Denkmuster mal kurz beiseitelegst und statt durch den »besser als ich«-Filter durch den »anders als ich«-Filter auf Deine Mitmenschen blickst.

- Schreib Dir fünf im Allgemeinen geschätzte Eigenschaften (wie zum Beispiel Freundlichkeit, Höflichkeit, Zuverlässigkeit) auf, die bei Dir besser ausgeprägt sind als bei anderen Menschen.

- Schreib Dir fünf im Allgemeinen geschätzte Eigenschaften auf, die bei Dir ungefähr gleich gut ausgeprägt sind wie bei anderen Menschen.

- Schreib Dir fünf im Allgemeinen geschätzte Eigenschaften auf, die bei Dir weniger gut ausgeprägt sind als bei anderen Menschen.

Und, was fällt Dir auf? Kann es sein, dass Du gar nicht »weniger gut« bist als andere – sondern nur anders als sie?

Innerer Kritiker, innerer Freund

Jeder von uns kennt sie: Diese fiese Stimme im Kopf, die einem gemeine Dinge sagt. »So, wie du schon wieder aussiehst, finden die anderen dich sicher total unattraktiv«, »Na, das hast du ja wieder toll hingekriegt, du bist so blöd!«, »Oh Mann, jetzt sind bestimmt alle enttäuscht von dir«, »Warum bist du denn jetzt schon wieder so schüchtern, das ist total peinlich!«.

Manche Menschen können genau sagen, ob es sich bei ihrer

inneren Stimme um einen Mann oder eine Frau handelt, manchmal ist es sogar die Stimme des Vaters oder der Mutter, es können aber auch nur vage Gedanken sein. Die Psychologie bezeichnet diese Stimme als den »inneren Kritiker«. Meist ist ausgerechnet dieser innere Kritiker, der uns ständig begleitet, unser härtester Kritiker. Niemand würde uns im echten Leben all die Dinge um die Ohren hauen, die er uns tagtäglich hören lässt!

Menschen, die einen geringen Selbstwert haben, besitzen oft einen besonders lauten inneren Kritiker. Er hält sie klein, macht sie runter, stellt sie infrage. Das kann eine regelrechte Qual sein und zudem ein Teufelskreis: Je lauter unser innerer Kritiker ist, umso schlechter wird unser Selbstwert. Und je geringer unser Selbstwert, umso mehr glauben wir den Worten unseres inneren Kritikers – weil wir finden, dass er recht hat, irgendwie.

Die gute Nachricht ist jedoch: Jeder von uns hat eigentlich auch einen »inneren Freund«. Häufig ist dessen Stimme nur so leise, dass sie gegen das Gebrüll des inneren Kritikers gar keine Chance hat. Doch hier kann man bewusst entgegenwirken.

> Ich möchte, dass Du zunächst einmal sensibel für die Stimme Deines inneren Kritikers wirst. Beobachte in den nächsten Tagen Deine Gedanken genau: Wie oft kommentiert Dein Kritiker, was Du tust, und wie lauten diese Kommentare? Ich fürchte, Du wirst Dich ziemlich erschrecken, wenn du merkst, wie omnipräsent seine Stimme ist.
>
> Wenn Du das gemacht hast, fang damit an, in den Situationen, in denen Du abwertende, kritische Kommentare zu hören bekommst, nach einer anderen Stimme in Deinem Kopf zu suchen.

Dein Kritiker sagt beispielsweise, Du seist zu schüchtern, weil Du auf einer Party keine fremden Gäste ansprichst? Was meint denn Dein innerer Freund dazu? Was heißt überhaupt »zu schüchtern«? Und ist Schüchternheit wirklich schlecht? Oder kann sie auch etwas Gutes, Sympathisches haben? Versuche, die Stimme Deines inneren Freundes immer lauter zu drehen – dann hat Dein innerer Kritiker automatisch eine kurze Sendepause.

Sobald es Dir gelingt, in den Momenten, in denen Dein innerer Kritiker sich zu Wort meldet, auch die Meinung Deines inneren Freundes anzuhören, können wir noch einen Schritt weitergehen: Ich möchte, dass Dein innerer Freund Deinen inneren Kritiker einmal geradeheraus fragt, warum der eigentlich so streng zu Dir ist.

Bleiben wir im Beispiel von eben: Was hat der innere Kritiker gegen die Schüchternheit? Vermutlich kommt dabei etwas raus wie »Weil ich möchte, dass Sonja endlich neue Leute kennenlernt, damit sie sich nicht mehr allein fühlt« oder »Weil Menschen, die offen auf andere zugehen, es leichter im Leben haben – und weil ich Thomas wünsche, dass er das schafft.«

Nun wird plötzlich klar, dass Dein innerer Kritiker es eigentlich gar nicht so schlecht mit Dir meint – sondern im Gegenteil, dass er Dich im Grunde nur vor etwas bewahren will: vor Einsamkeit, Trauer, Schmerz. Sobald Du das erkannt hast, wird es viel leichter, Deinen inneren Kritiker ruhigzustellen. Du könntest ihm zum Beispiel sagen: »Wenn Du mich andauernd fertigmachst, dann wird die Schüchternheit nur noch schlimmer, und ich lerne noch weniger Leute kennen. Das willst Du doch nicht. Ich habe verstanden, dass Du mich davor beschützen willst, allein zu sein, und werde mich darum kümmern, o. k.? Du kannst also gern still sein.«

Achte auf Deine Erfolge.

Wer einen geringen Selbstwert hat, neigt dazu, sich selbst und sein Leben durch einen »Negativ-Filter« zu betrachten: Man sieht dann ganz genau all das, was man *nicht* gut macht, worin man *nicht* gut ist, was *nicht* gut gelaufen ist. Und das verlangt einem so viel Aufmerksamkeit ab, dass man für vieles, was parallel noch läuft, gar keine Energie mehr übrig hat.

> Ich möchte, dass Du Dir ab heute jeden Abend die Dinge schriftlich notierst, die am Tag gut gelaufen sind – in denen Du also objektiv betrachtet etwas richtig gemacht hast, Deine Stärken einsetzen konntest, Dich jemand gelobt hat, Du Dich für jemanden eingesetzt oder geholfen hast oder Du insgeheim einfach irgendwie weißt, dass etwas eigentlich ein Grund wäre, zufrieden mit Dir zu sein.

Mach diese Übung so lang, wie Du magst – mindestens zwei Wochen wären jedoch toll. Und dann schau Dir regelmäßig alle Deine Notizen an. Da kommt ganz schön was zusammen, oder?

Sofortmaßnahmen für mehr Selbstliebe

Selbstliebe ist ein ganz schön großes Wort. Und ich ahne, dass auch Du deshalb nicht viele Leute kennst, die von sich behaupten würden: »Ja, ich liebe mich selbst!« Dieses Sich-selbst-Lieben hat schnell einen arroganten, überheblichen und vielleicht sogar narzisstischen Beigeschmack. Muss es aber nicht! Denn zwei Dinge muss man klar unterscheiden: regelrecht in sich selbst verliebt, vollkommen von sich eingenommen und von der eigenen Perfektion überzeugt zu sein auf der einen – und sich selbst annehmen und lieben mit all den Stärken und Schwächen, die man eben besitzt, auf der anderen Seite. Ein himmelweiter Unterschied! Denn während Ersteres im Grunde ein ziemlich instabiles Gefühl ist, das leicht ins Wanken geraten kann, wenn einem dann doch mal etwas nicht so gelingt wie gedacht, spendet das Zweite Ruhe und Gelassenheit in fast allen Lebenslagen. Dafür nun fünf Sofort-Tipps!

Sei Dir selbst Dein bester Freund.

Andere so anzunehmen, wie sie sind, fällt uns oft viel leichter, als das Gleiche bei uns selbst zu tun. Deine beste Freundin hat manchmal einen Bad-Hair-Tag? Na und? Hat doch jeder mal! Dein Kumpel hat den Job, den er so gern haben wollte, doch nicht bekommen? Schade, aber das kann nun mal passieren, nächster Versuch!

> Fang damit an, Dich in Deinem Alltag immer öfter so zu behandeln, als seist Du Dein eigener bester Freund. Hab Verständnis für Dich, drück in Bezug auf Deine »Schwächen« öfter mal ein Auge zu, nimm Dir Zeit für Dich, verwöhne Dich, lass Dir etwas für Dich selbst einfallen. Gedanken wie »Das kann ich mir nicht gönnen« oder »Der Aufwand ist zu groß« zählen nicht mehr – wenn Du die Sache in Bezug auf Deinen eigenen besten Freund ganz anders beurteilen würdest.

Lächle Dich an.

Klingt vielleicht wie Quatsch, hilft aber wirklich: Unsere Emotionen haben nicht nur Einfluss auf unsere Körpersprache, sondern unsere Körpersprache kann auch unsere Emotionen beeinflussen – ich habe es Dir im Zusammenhang mit dem Alleinsein ja schon erklärt.

Achte einmal darauf, wie Du Dir selbst gegenübertrittst, wenn Du in einen Spiegel schaust: Guckst Du ernst, kritisch, unzufrieden? Oder signalisierst Du Deinem Spiegelbild: Hey, ich finde Dich echt sympathisch und bin gern mit Dir zusammen?

Falls das momentan noch nicht der Fall ist, wird es Zeit, dass Du gezielt damit beginnst – indem Du anfängst, Dich selbst anzulächeln. Jedes Mal, wenn Du also zum Beispiel in Deinen Badspiegel guckst, schau Dir selbst dabei so in die Augen, als würdest Du gerade einen Menschen anlächeln, den Du richtig gerne magst. Sobald das gut klappt, kannst Du Dein Lächeln noch mit einer kleinen Botschaft verbinden: »Ich bin gut so, wie ich bin!« oder »Ich habe Stärken und Schwächen, und beide machen mich zu der einzigartigen Person, die ich bin.« Sprich sie laut aus oder wiederhole sie in Gedanken. Je öfter und je konstanter Du die Übung machst, umso besser wird sie wirken.

Schreibe einen Liebesbrief an Dich selbst.

Bestimmt hast Du einem Schwarm oder einem Partner schon einmal einen Liebesbrief geschrieben (was nicht zwangsläufig heißen muss, dass Du ihn auch abgeschickt hast). Darin hast Du dem anderen vermutlich mitgeteilt, wie sehr und warum Du ihn liebst, wovon Du im Zusammenhang mit ihm träumst oder weshalb gerade er so besonders für Dich ist.

Heute möchte ich, dass Du wieder einen Liebesbrief schreibst – mit derselben Muße, demselben Aufwand, schönem Briefpapier – aber an Dich selbst. Was schätzt Du an Dir? Welche Eigenschaften an Dir findest Du angenehm? Was möchtest Du mit Dir alles erleben? Und: Welches sind die kleinen Spleens und Macken, die Du zwar hast, aber die Dich eben zu dem einzigartigen Menschen machen, der Du bist?

Liebe das Kind in Dir.

Als Erwachsener muss man schlau, fleißig, gut aussehend, erfolgreich, beliebt, zielstrebig sein ... Die Liste der Anforderungen, die man zu erfüllen hat, ist scheinbar unendlich lang und bedeutet jede Menge Druck. Dabei gab es mal eine Zeit, in der wir einfach so liebenswert waren – um unserer Selbst willen.

Bitte schau, ob Du ein oder mehrere Bilder von Dir selbst findest, als Du so ungefähr zwei bis drei Jahre alt warst. Dann schau Dir das kleine Mädchen oder den kleinen Jungen von damals in Ruhe an: Steckt in diesem Kind irgendwas, was nicht o. k. ist? Nicht liebenswert? Oder war dieses Kind, so wie es auf die Welt kam, eigentlich vollkommen in Ordnung? Nimm das kleine Mädchen oder den kleinen Jungen gedanklich in den Arm, vielleicht streichelst Du ihm über den Kopf. Und dann mach Dir bewusst, dass dieses kleine Kind Du bist.

Schließe Freundschaft mit Deinem Körper.

In punkto Selbstliebe sind gerade wir Frauen oft mit unseren Körpern besonders streng: zu dick, zu dünn, zu alt, zu faltig, zu unförmig, zu flachbrüstig, zu dünnes Haar. Und auch Männer sind vor diesen Komplexen natürlich nicht gefeit: zu schlappe Muskeln, zu dicker Bauch, zu wenig Haare auf dem Kopf oder zu viele auf dem Rücken, von einem kleinen Penis mal ganz zu schweigen.

Das Nachdenken über das eigene Äußere kann dabei so belastend werden, dass es uns regelrecht einschränkt. Nicht selten höre ich von Frauen: »Eigentlich wollte ich am Wochenende ausgehen, aber dann hab ich mich so unwohl in meiner Haut gefühlt, dass ich meinen Freunden abgesagt habe, ich wollte mich nur zu Hause verkriechen.« Oder Männer gestehen mir, dass sie Probleme damit haben, sich vor ihrer Partnerin nackt zu zeigen. Das ist kein schöner Zustand! Und in Bezug auf die Selbstliebe regelrechtes Gift.

> Bitte schau Dir einmal einen beliebigen Tag lang all die Menschen gleichen Geschlechts, die Dir in Deinem ganz normalen Leben begegnen, an – also Freunde, Kollegen, aber auch Fremde im Supermarkt, auf der Straße, im Schwimmbad – und überlege ganz ehrlich, wie viele von ihnen einen dem gängigen Schönheitsideal entsprechend perfekten Körper haben. Wie viel Prozent sind es? Ich könnte wetten, Du kommst nicht einmal auf zehn von hundert.

Wenn Du diesen ersten Schritt der Übung gemacht hast, mach Dir bewusst, dass all diese Menschen, die nicht perfekt, aber in der Mehrheit sind, sich dennoch vermutlich genau wie Du jeden Tag den Kopf darüber zerbrechen, was an ihnen nicht schön ist. Und wie viel Zeit sie damit verbringen, unzufrieden mit ihrem Körper zu sein.

Es gibt in Deutschland rund 70 Millionen Personen, die über 15 Jahre alt sind. Gehen wir mal davon aus, dass jeder dieser Menschen am Tag nur rund fünf Minuten seiner Zeit damit verbringt, sich über sein Gewicht, seine Figur oder seine Haare Gedanken zu machen (ja, auch die scheinbar »Perfekten« tun das!). Dann wären das 350 Millionen Minuten pro Tag. 350 Millionen Minuten, die die 70 Millionen Menschen auch hätten nutzen können, um schöne Dinge zu tun, zu lachen, etwas zu erleben, zufrieden zu sein. Denn seien wir mal ehrlich: Ändern tut all das Grübeln doch ohnehin nichts! Es macht höchstens schlechte Laune. Und das vollkommen unnötig – denn das, was wir in Hochglanzmagazinen sehen, ist offensichtlich nicht echt! Wie kann es der Maßstab sein?

> Ich würde es im doppelten Sinn schön finden, wenn Du nun versuchst, noch mal ganz neu auf Deinen Körper zuzugehen: Wann immer Du aus der Dusche kommst und Dich im Spiegel siehst, finde eine Stelle, die Du an Deinem Körper gerne magst. Vielleicht hast Du besonders schöne Haare? Schöne Knie? Oder bist sehr zufrieden mit Deinen hübschen Ohren? Schau Dir das entsprechende Körperteil genau an und präge Dir ein, wie es aussieht – so gut, als wolltest Du es später einmal malen. So lernst Du nach und nach die geliebten Seiten Deines Körpers besser kennen.

Eine sehr kluge Kundin von mir, die schon mit Anfang dreißig eine schwere Krebserkrankung hatte (die zum Glück vollkommen geheilt werden konnte), sagte einmal zu mir, dass sie schade finden würde, wie viele Menschen mit dem Älterwerden hadern. »Das ist total verrückt!«, meinte sie. »Ich freue mich über jeden, aber wirklich jeden Geburtstag, den ich erleben darf! Weil das bedeutet, dass ich wieder ein Jahr länger leben konnte. Was kann es denn Schöneres geben auf der Welt?«

Wie kostbar unser Körper ist, merken wir leider oft erst, wenn er nicht mehr funktioniert – und uns dadurch die Freiheit fehlt, uns in unserem Leben so zu bewegen, wie wir es uns wünschen. Dabei ist es alles andere als selbstverständlich, dass Du gesund bist, dass Du fit bist, dass Dein Körper Dich dahin trägt, wo Du etwas erleben möchtest.

> Als letzten Teil dieser Maßnahme möchte ich Dich bitten, Deinem Körper einmal ganz bewusst dankbar zu sein für all die kleinen Möglichkeiten, die er Dir jeden Tag einräumt: Setz Dich irgendwo gemütlich hin und dann gehe von den Füßen bis zum Kopf jeden Körperteil durch, berühre ihn und bedanke Dich. Bei Deinen Füßen dafür, dass sie Dich tragen. Bei Deinen Beinen vielleicht dafür, dass sie gestern so toll für Dich getanzt haben. Bei Deinem Bauch dafür, dass er Deinen Körper mit Energie versorgt oder Dein Kind geboren hat. Und wie wäre es mit einem Dank an Dein Herz, dafür, dass es so unermüdlich schlägt – und liebt?

Sofortmaßnahmen für mehr Vertrauen

Deinem Partner Vertrauen zu schenken, nicht andauernd unter der Angst zu leiden, dass er Dich verlassen könnte, ist eine elementare Grundvoraussetzung für eine glückliche Beziehung. Und wie wir gelernt haben, hat dieses Vertrauen häufig gar nicht (wie man meinen könnte) so viel damit zu tun, wie Dein Partner sich verhält, sondern viel mehr damit, wie viel Sicherheit Du in Dir selbst trägst. Dadurch, dass Du im Glücksherz-Training immer mehr Halt in Deinem eigenen Herzen findest, unterstützt es Dich automatisch auf dem Weg zu diesem Ziel. Aber es gibt noch ein paar Dinge, die Du vorab, parallel und ergänzend tun kannst.

Werde Dir Deines Bindungsstils bewusst.

Menschen, die ihrem Partner Vertrauen und Nähe schenken können, zeichnen sich durch einen sicheren Bindungsstil aus (wenn Du magst, vergleiche dazu auch noch mal Seite 119). Diese Frauen und Männer haben eine positive Sichtweise auf sich selbst und empfinden ihre Beziehung als emotional unterstützend.[11] Ihr sicherer Bindungsstil ist in ihrer frühen Kindheit entstanden, und zwar dadurch, dass sie gelernt haben, dass sie sich auf ihre engsten Bezugspersonen verlassen sowie ihre eigenen Bedürfnisse ernst nehmen und für sich einstehen können.

Damit Du verstehen kannst, ob und warum Dir das Vertrauen in einer Partnerschaft manchmal schwerfällt, ist es hilfreich, Deinen eigenen Bindungsstil zu kennen. So kannst Du, wenn Du magst, entgegenwirken.

> Denk an die ersten erwachsenen Bindungspartner, die Du in Deinem Leben hattest (vor allem in Deinen ersten drei Jahren) – in den meisten Fällen ist das wahrscheinlich Deine Mutter, Dein Vater, es kann sich aber auch um Großeltern handeln, die Dich aufgezogen haben. Nur der Einfachheit halber werde ich im Folgenden von »Eltern« sprechen.
>
> Haben Deine Eltern Dir konstant das Gefühl gegeben, dass Du geliebt wurdest, so wie Du eben bist, haben sie Deine Bedürfnisse ernst genommen, waren sie in ihren Reaktionen für Dich gut kalkulierbar und zuverlässig, und haben sie Dir Nähe gegeben, wenn Du sie brauchtest, genauso wie den nötigen Freiraum? Oder wusstest Du im Gegenteil vielleicht nie so genau, woran Du bei ihnen bist, waren

---

11 Vgl.: http://www.familienhandbuch.de/familie-leben/partnerschaft/gelingend/bindunginpartnerschaften.php

- sie mal lieb, mal ablehnend, hattest Du schon früh Angst, sie zu verlieren, oder das Gefühl, es ihnen recht machen oder gefallen zu müssen, um angenommen zu werden?

- Wie erlebst Du Dich selbst in Partnerschaften? Fällt es Dir leicht, Deinem Partner zu vertrauen, neigst Du nicht zu Eifersucht, fühlst Dich Deinem Partner weiter sicher verbunden, auch wenn Ihr Euch mal ein paar Tage oder Wochen nicht seht? (All das wären Hinweise, dass Du einen sicheren Bindungsstil besitzt.)
- Brauchst Du sehr viel Bestätigung von Deinem Partner, die andauernde Versicherung, dass er Dich liebt und »noch da« ist, neigst Du eher zur Eifersucht und leidest unter Verlustängsten? (All das könnten Hinweise sein, dass Du einen unsicheren, anklammernden Bindungsstil besitzt.)
- Fällt es Dir schwer, Dich Deinem Partner gegenüber zu öffnen, Schwächen zu zeigen und um Hilfe zu bitten – und kannst Du das Gleiche bei ihm andersherum auch nicht so gut ertragen? Fühlst Du Dich in Partnerschaften schnell »beklemmt« oder eingeengt, hast vielleicht viele wechselnde, kurze Beziehungen gehabt oder Partnerschaften bisher sogar eher ganz vermieden? All das könnten Hinweise sein, dass Du einen unsicher-vermeidenden Bindungsstil besitzt.

Falls Du für Dich feststellst, dass Du eher zu einem der beiden unsicheren Bindungstypen gehörst und Dir das möglicherweise mit den Bindungserfahrungen Deiner ersten drei Lebensjahre in Ansätzen erklären kannst, wäre es gut, wenn Du Dein Verhalten in Partnerschaften dahingehend hinterfragst:

- Fühlst Du Dich von (D)einem Partner oft an Gefühle, Situationen oder Konstellationen erinnert, die Du aus Deiner

> Kindheit kennst? Merkst Du, dass Du ihm gegenüber manchmal aus einer regelrecht ohnmächtigen, kopflosen oder auch trotzigen Position heraus agierst? Wie ein kleines Kind eben?

Beobachte Dich selbst in solchen Momenten in Zukunft genau, und versuche dann, ganz bewusst zu differenzieren:

🤝 Dein Partner ist ein Mensch, dem Du auf der Ebene Deines erwachsenen Selbst begegnest – er hat mit dem, was Du als Kind erlebt hast, nichts zu tun. Du bist weder abhängig von Deinem Partner, noch ist er dafür zuständig, Dich glücklich zu machen oder ist es sein Ansinnen, Dich Deiner Individualität zu berauben oder in Deiner Autonomie einzuengen. Ihr seid zwei reife Personen, die aus freien Stücken beschlossen haben, ihr Leben miteinander zu teilen.

Erkenne, dass selbst das Horrorszenario kein Weltuntergang wäre.

Wenn es uns schwerfällt zu vertrauen, dann bedeutet das meist, dass wir uns gleichzeitig irgendwelche Horrorszenarien ausmalen: Was, wenn der Partner uns betrügt? Was, wenn wir plötzlich wieder allein dastehen? Was, wenn unsere neue Bekanntschaft es nicht ernst mit uns meint? Was, wenn wir uns dem Partner schwach zeigen und nicht aufgefangen werden? Es entsteht Panik!

Wenn Du in Deiner Beziehung oder einer sich anbahnenden Partnerschaft besser vertrauen können möchtest, dann kann es sehr hilfreich sein, Dein persönliches Horrorszenario einfach mal bis zum Ende zu durchdenken:

Was wäre denn, wenn Dein Partner Dich beispielsweise betrügt? Es täte weh, natürlich. Aber würde davon wirklich Deine Welt untergehen? Oder würde es nicht schlicht bedeuten, dass Du vor der Frage stehen würdest, ob Du Euch entweder noch einmal eine Chance geben willst und Ihr als Paar vielleicht sogar aus diesem Ereignis etwas lernen könnt – oder aber, ob Du überhaupt noch mit einem Menschen zusammen sein willst, der sich so verhalten hat, und Dich schließlich trennst? Oder, falls das Dein persönliches Horrorszenario ist: Was wäre denn, wenn es mit der neuen Bekanntschaft nicht klappt? Sind dann etwa für alle Zeiten alle Chancen vertan? Oder endet Dein Leben? Nein, natürlich nicht. Dann startest Du eben einen neuen Versuch – es kann ja nicht bei jedem der Funke überspringen.

 Mach Dir klar, dass Du selbst, falls der schlimmste Fall eintritt, immer noch ein unabhängiger, selbst denkender, selbstbewusster und freier Mensch bleibst. Du hast wenig zu verlieren, wenn Du vertraust – schlimmstenfalls machst Du eben eine Lebenserfahrung mehr. Wenn Du hingegen nicht vertraust, kannst Du dadurch Deiner Beziehung sehr schaden.

Zeig Deinem Partner,
dass er Dir alles sagen kann.

»Ich wollte meine Freundin nie anlügen, ehrlich«, sagte mir einmal ein Kunde, der ganz zerknirscht vor mir saß. »Aber sie war fürchterlich eifersüchtig, hat aus jeder Banalität ein so großes Thema gemacht, dass ich irgendwann allein um der Harmonie in unserer Beziehung willen angefangen habe, manche Details auszusparen. Wenn ich mit den Kollegen in großer

Runde zum Mittagessen war, und es kamen auch ein paar Frauen mit, das wäre für sie schon ein rotes Tuch gewesen, obwohl es echt so überhaupt keine Bedeutung hatte. Oder wenn ich einer Ex-Freundin zufällig auf der Straße begegnet bin und wir ein paar Sätze gewechselt haben – das hätte sie tagelang zum Thema gemacht. Also hab ich es einfach nicht erzählt. Wie gesagt, weil es vollkommen unwichtig war.« Seine Freundin hatte ihn schließlich bei einer seiner (Not-)Lügen ertappt und sich getrennt. Mir tat der junge Mann sehr leid, denn es war augenscheinlich, dass er wirklich nichts Schlimmes gemacht hatte.

Wenn Du Deinem Partner vertrauen möchtest, dann ist es sehr hilfreich, wenn Du zwischen Euch ein Klima schaffst, in dem er Dir alles erzählen kann – ohne Angst vor einem Donnerwetter haben zu müssen. Je gelassener Du auf seine Erzählungen reagierst, umso eher wird er sich Dir öffnen und Dir immer reinen Wein darüber einschenken, was in seinem Alltag und in Bezug auf seine Gefühle gerade abläuft – und das ist es ja, was Du Dir wünschst.

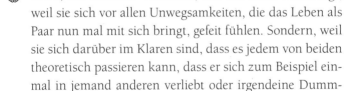 Paare, die einander vertrauen, tun das nicht unbedingt, weil sie sich vor allen Unwegsamkeiten, die das Leben als Paar nun mal mit sich bringt, gefeit fühlen. Sondern, weil sie sich darüber im Klaren sind, dass es jedem von beiden theoretisch passieren kann, dass er sich zum Beispiel einmal in jemand anderen verliebt oder irgendeine Dummheit begeht – und sie gleichzeitig aber wissen, dass sie sich gegenseitig von so einem Ereignis ganz offen erzählen und den anderen nie hintergehen würden.

Vertrau auch Du Dich Deinem Partner an.

Vertrauen hat immer zwei Dimensionen: Das Vertrauen in Deinen Partner – aber auch das Sich-ihm-Anvertrauen. Denn nur, wenn beides zusammenkommt, kann zwischen Euch echte Nähe entstehen.

- Wenn Du eine Vertrauensebene zwischen Dir und Deinem Partner schaffen möchtest, ist es wichtig, dass auch Du Dich ihm anvertraust: Mit Deinen Wünschen, Sorgen, Ängsten und anderen Gedanken, die Dich tief im Innern beschäftigen – und zwar ausdrücklich auch, was Eure Partnerschaft angeht. Öffne Dich Deinem Partner, such das Gespräch oder teile Dich ihm auf andere Weise mit.

🤝 Habe dabei immer im Kopf: Ihr beiden seid ein Team! Dein Partner ist nicht dafür da, um über Dich zu urteilen, genauso wenig, wie Du es andersherum bist. Alles, worum es hier geht, ist, dass Ihr beide einen Weg finden wollt, miteinander glücklich zu sein!

Habe Vertrauen in Dich selbst.

All das, was ich bis zu diesem Punkt über das Vertrauen geschrieben habe, bedeutet nicht, dass Du mit einem notorischen Fremdgänger oder jemandem, der Dich andauernd belügt, zusammenbleiben sollst. Du sollst nämlich genauso in Dich selbst und Deine Urteilsfähigkeit Vertrauen haben. Und Konsequenzen ziehen, wenn Du erkennst, dass jemand Dich nicht so behandelt, wie Du es Dir wünschst.

🤝 Insgeheim weißt Du, sofern Du betroffen bist, vermutlich

genau, ob Dein Partner Dir echten Anlass zum Misstrauen gibt – oder ob sich vieles davon eher in Deinem Kopf abspielt. Bitte sieh Dir also einmal die Fakten an: Gibt es echte Hin- oder sogar Beweise dafür, dass Dein Partner Dein Vertrauen missbraucht? Hast Du ihn oder sie wiederholt dabei ertappt? Wie hat die- oder derjenige sich in vorherigen Beziehungen verhalten?

Vertrauen in einer Beziehung herzustellen kann auch bedeuten, dass Du Dich mit einem Menschen zusammentust, der dieses Vertrauen verdient. Denn wenn Du jemanden an Deiner Seite hast, der Dich in dieser Hinsicht immer wieder und ganz real enttäuscht, dann kannst Du Dir noch so viel Mühe geben – es wird Dir nicht gelingen, Dich fallen zu lassen. So gern Du also vielleicht mit dem Sunnyboy, dem Glamour Girl oder dem begehrtesten Date der Stadt liiert sein möchtest: Für Dein eigenes Wohlergehen ist er oder sie vielleicht nicht immer die beste Wahl …

Goodbye Beziehungsstress!

Wir sind auf unserem Weg ganz schön weit gekommen. Wir haben neun große Irrtümer des Beziehungsglücks und den zehnten, größten Irrtum kennengelernt: dass ein Partner dafür da ist, Dich glücklich zu machen. Wir haben festgestellt, welche Schäden all diese Irrtümer anrichten können, und herausgefunden, welche Voraussetzungen auf der Wir- und auf der Ich-Ebene von Beziehungen gegeben sein sollten, damit zwei Menschen die besten Chancen haben, zusammen glücklich zu sein.

Anschließend haben wir mithilfe der Glücksherz-Methode begonnen, Schritt für Schritt dafür zu sorgen, dass Du die zehn Irrtümer des Beziehungsglücks vermeidest und stattdessen immer gelassener, selbstbewusster, vertrauensvoller und liebevoller zu Dir selbst wirst. Ganz einfach, indem Du die Verantwortung für Dein Glück selbst in die Hand nimmst! So kommst Du Deinem Ziel, eine glückliche Beziehung zu führen oder zu finden, von nun an immer näher.

So seltsam es sich nach alledem auch anfühlt: Ich denke, jetzt haben wir tatsächlich gleich den Moment erreicht, in dem wir unsere Hände voneinander lösen können und sollten. Denn von hier an, da bin ich mir sicher, schaffst Du es ganz allein! Ich habe Dir alles erklärt, was ich über glückliche und unglückliche Beziehungen, über unglückliche und vor allem glückliche Menschen weiß. Aber das letzte Quäntchen Wahrheit findest eben nur Du in Dir selbst. Trainiere, probiere aus. Und wenn Du einmal fällst, steh wieder auf. Bei alledem habe stets Dein Glücksherz im Blick. Denn wann immer es ihm gut geht, bist auch Du auf dem richtigen Weg.

🤝 Der letzte Händedruck, den Du in »Goodbye Beziehungsstress« finden wirst, ist noch einmal ein ganz besonders wichtiger. Wir haben nun so viel darüber gesprochen, was Du alles für Dich und Dein eigenes Glück tun kannst, dass man fast meinen könnte, dass Dir für (D)einen Partner neben alledem jetzt gar keine Zeit mehr bleibt. Das ist falsch! Denn nein, natürlich sollst Du auch weiterhin Stunden, Tage und viele wunderschöne Nächte mit dem Menschen verbringen, den Du liebst! Zeig ihm, wie viel er Dir bedeutet, sag ihm, was Du mit ihm erleben möchtest, schmiedet Zukunftspläne! Aber: Tue all das in dem Wissen, dass es nicht seine Verantwortung ist, Dich glücklich zu machen. Halte Dich also nicht an ihm fest – sondern werdet einander die besten Lebensgefährten. Wachst zusammen. Entfaltet Euch. Schenkt einander Euren liebevollsten Blick. Denn: Glück ist das Einzige, was mehr wird, wenn man es teilt.

Schlusswort

Die meisten Bücher haben ein Vorwort. Und so habe auch ich es in meinen Büchern bisher gehalten. Aber heute muss ich mich mal outen: Wenn ich selbst lese, überblättere ich das Vorwort nämlich so gut wie immer. Oje, wie ich mich schäme! Aber tatsächlich bin ich meist so gespannt auf das, was im ersten Kapitel steht, dass ich gar nicht die Geduld habe, mich lang mit den persönlichen Vorreden des Autors aufzuhalten. Asche auf mein Haupt! Weil ich Dir dieses Hinauszögern des Inhalts nun im Fall von »Goodbye Beziehungsstress« ersparen wollte, habe ich anstelle eines Vorworts diesmal einfach ein Schlusswort geschrieben.

Mit dem geliebten Mann an meiner Seite, Philipp, habe ich, nachdem die letzte Seite dieses Buchs geschrieben war, zur Entspannung und zum Feiern nach neun Monaten Arbeit ein wunderschönes Wochenende in einem Wellnesshotel in Mecklenburg-Vorpommern verbracht. Wir nahmen unsere Mahlzeiten während dieser Zeit in einem Restaurant des Hauses ein, das in einem großen lichtdurchfluteten Speisesaal untergebracht war. Wie es in vielen Hotels üblich ist, gab es hier ein Buffet, und zwar morgens wie abends.

Bereits am ersten Abend hatten wir einen Tisch, der etwas am Rand stand, sodass wir einen freien Blick auf die anderen Hotelgäste hatten: Ein paar Familien waren dabei, einige Freundinnen, aber vor allem Paare. An den Familientischen gackerten die Kinder und wurden von ihren Eltern manchmal wegen ihrer Essmanieren ermahnt. Einige Freundinnen waren in Gespräche vertieft, zeigten sich gegenseitig Fotos auf ihren Handys und lächelten sich dabei oft an. Aber, und das war wirklich auffällig: Bei den meisten Paaren herrschte Schweigen. Ernsthaft!

Bei manchen, vor allem den Älteren, schien es so, als sei dieses Schweigen der Normalzustand, und beide wirkten dennoch (oder vielleicht gerade deswegen) ganz entspannt. Aber besonders auf ein jüngeres Paar machte Philipp mich aufmerksam: Während er, ein mittelgroßer Typ mit kurzgeschorenen Haaren, seine Nudeln aß, saß seine Freundin ihm gegenüber, zog die Stirn in unzufriedene Falten und stocherte angespannt mit der Gabel auf ihrem Teller herum. Als sie später das Restaurant verließen, ging er vorweg – und sie taperte in ein paar Metern Abstand mit gesenktem Kopf und fest zusammengepressten Lippen hinter ihm her. Da herrschte ganz offensichtlich ziemlich dicke Luft.

»Fällt dir eigentlich auf, wie wenige Paare hier glücklich wirken?«, fragte Philipp mich und ließ den Blick durch den Raum schweifen. »Schau mal, die meisten berühren sich nicht, lächeln sich nicht an, reden nicht. Da ist so gar nichts Liebevolles. Die scheinen im Gegenteil ziemlich genervt voneinander zu sein.« Er deutete mit den Augen zu einigen Tischen. Ich war insgeheim froh, dass er diese Beobachtung aussprach, denn mir war das zwar auch schon aufgefallen, aber manchmal habe ich Sorge, dass ich meine Umwelt durch meine persönliche »Brille« betrachte und allein deshalb überall nur noch unglückliche Paare sehe.

Aber Philipp hatte recht: Zwischen all diesen Pärchen waren so gut wie keine liebevollen Gesten zu sehen – weder körperlich noch verbal. Niemand hielt sich an den Händen, niemand sah sich bei einem angeregten Gespräch tief in die Augen, strich dem anderen beim Aufstehen über den Rücken, von einem Kuss ganz zu schweigen. Wenn man es nicht besser wüsste, dachte ich, könnte man meinen, dass viele hier gezwungen waren, zusammen zu sein.

Während des ganzen Wochenendes beobachteten wir die anderen Paare nun. Und das erschreckende Fazit war, dass von allen, die Eheringe trugen (oder bei denen auf andere Weise offensichtlich war, dass sie mehr als nur Freunde waren), höchstens ein Drittel einen zufriedenen Eindruck machte. Die anderen schienen gestresst, gelangweilt, desinteressiert oder einfach nur traurig. Und das während eines gemeinsamen Wellness-Wochenendes!

Nun waren diese Tage in Mecklenburg-Vorpommern sicher nicht repräsentativ. Und ich würde niemals behaupten, dass zwei Drittel aller Paare miteinander unglücklich sind. Aber ich finde, selbst wenn es nur zwanzig Prozent wären, wäre das noch zu viel! Wir alle leben nur einmal, jeder einzelne Tag, den wir auf dieser Welt verbringen dürfen, ist so unendlich kostbar. Wir haben einfach nicht die Zeit, zusammen unglücklich zu sein! Und, was fast noch schwerer ins Gewicht fällt: Wenn wir es schaffen, glücklichere Beziehungen zu führen, gibt uns das die Möglichkeit, jede einzelne Sekunde unseres Daseins *noch* intensiver und *noch* erfüllter auszukosten!

Mein großer Traum ist, dass wir alle sensibler werden – für unser eigenes und damit auch für unser Beziehungsglück! Bist Du dabei? Dann würde ich mich freuen, wenn Du das nächste Mal, wenn Du ein unglückliches Paar in Deinem Freundeskreis erlebst, die beiden vielleicht einfach mal ansprichst und ihnen davon erzählst, was Du jetzt für Dich herausgefunden hast. Als Botschafter im Namen der Liebe und des Glücks sozusagen.

Danke, dass Du mein Buch gelesen hast. Und vor allem danke, dass ich Dich begleiten durfte. Ich wünsche Dir aus ganzem Herzen alles Liebe.

Deine Elena

Nachbemerkung

Mich interessieren Deine persönlichen Gedanken zu »Goodbye Beziehungsstress« sehr! Wenn Du also Lust hast, dann schreib mir. Ich kann zwar nicht immer sofort antworten – aber jede, wirklich jede einzelne Nachricht hilft mir dabei, die Menschen noch besser kennenzulernen und zu verstehen und allen, die sich an mich wenden, dann auf ihrem Weg zum Lebens- und Beziehungsglück zu helfen.

elena-katharina@die-liebeskuemmerer.de

Danke

Philipp.
Für den liebevollen Blick,
den Du an jedem Tag auf mich hast.

Vigo.
Für die wunderschöne Schwangerschaft
mit Dir während des Schreibens.

Meinen lieben Eltern und meiner Familie.
Für Euren unerschöpflichen Rückhalt.

Simone.
Für unsere vielen inspirierenden Gespräche.

Katrin, Marieke, Marlen.
Für Eure Meinung,
Euren Sachverstand und Eure Motivation.

Daniela, Ela, Heike, Jess, Merle.
Für Euer so hilfreiches Feedback.

Lasse und Jule.
Dafür, dass Ihr mir jeden Morgen im Wald
den perfekten Start ins Schreiben geschenkt habt.

♥

Umfassendes Inhaltsverzeichnis

Warum dieses Buch Dir helfen wird, eine glückliche Beziehung zu führen (oder zu finden) *11*

Was eine *glückliche* Beziehung von einer 08/15- Beziehung unterscheidet *15*

Teil I Wie wir unser Beziehungsglück verhindern, ohne es zu bemerken *19*

Paare sind Unikate – Beziehungsprobleme nicht *21*
Die zehn Irrtümer des Beziehungsglücks *27*
Irrtum #1 Das Hättest-könntest-müsstest-solltest-Paar *28*
Irrtum #2 Die »Du gehörst (zu) mir«-Kette *36*
Irrtum #3 Sofasitzen, Stubenhocken und die große Langeweile *41*
Irrtum #4 Luftschlösser bauen *46*
Irrtum #5 Die Liebe-Leistung-Verwechslung *52*
Irrtum #6 Der Chamäleon-Effekt *58*
Irrtum #7 Die Suche nach dem Heiligen Beziehungsgral *65*
Irrtum #8 Zweisam einsam *71*
Irrtum #9 Gedanken lesen *80*
Irrtum #10 Du bist mein Ein und Alles *88*
Die Auswertung *97*

Teil II Was glückliche Beziehungen ausmacht *99*

Die zwei Ebenen des Beziehungsglücks *103*
Was glückliche Beziehungen ausmacht: die Wir-Ebene *105*

Was glückliche Beziehungen ausmacht: die Ich-Ebene   *115*
Was all das mit den zehn Irrtümern des
   Beziehungsglücks zu tun hat   *125*

Teil III Deine Anleitung zum Zusammen-Glücklichsein   *133*
Die Glücksherz-Methode   *136*
Bestandsaufnahme: Dein Glücksherz heute   *140*
Dein Glücksherz stärken   *146*
Maßnahme A: Dein Glücksherz auf dem Prüfstand   *148*
Maßnahme B: Das Kind in Dir befragen   *154*
Maßnahme C: Schau Dir Deine vier Super-Quellen an   *155*
Super-Quelle »Soziale Kontakte«   *156*
Super-Quelle »Arbeit«   *176*
Super-Quelle »Freizeit«   *181*
Drei Monate Training bis zum Beziehungsglück   *191*

Die besten Sofortmaßnahmen für die Zwischenzeit   *196*
Sofortmaßnahmen für mehr Gelassenheit   *196*
Sofortmaßnahmen für mehr Selbstwert   *201*
Sofortmaßnahmen für mehr Selbstliebe   *208*
Sofortmaßnahmen für mehr Vertrauen   *214*
Goodbye Beziehungsstress!   *222*

Schlusswort   *225*
Nachbemerkung   *229*
Danke   *231*

Umfassendes Inhaltsverzeichnis   *233*

Quellenverzeichnis   *235*

Quellenverzeichnis

Literatur

Bartens, Werner: Was Paare zusammenhält: Warum man sich riechen können muss und Sex überschätzt wird. Knaur Verlag, 2013.

Gottman, John: Die sieben Geheimnisse der glücklichen Ehe. Schröder Verlag, 2000.

Kaluza, Gert: Salute! Was die Seele stark macht. Programm zur Förderung psychosozialer Gesundheitsressourcen. Klett-Cotta Verlag, 2014.

Konrad, Sandra: Liebe machen. Piper Verlag, 2016.

Peirano, Julia / Konrad, Sandra: Der geheime Code der Liebe. Ullstein Verlag, 2014.

Röhr, Heinz-Peter: Wege aus der Abhängigkeit. Patmos Verlag, 2015.

Schnell, Tatjana: Psychologie des Lebenssinns. Springer Verlag, 2016.

Seligman, Martin: Der Glücksfaktor. Warum Optimisten länger leben. Bastei Lübbe Verlag, 2005.

Sohn, Elena-Katharina: Goodbye Herzschmerz. Eine Anleitung zum Wieder-Glücklichsein. Ullstein Verlag, 2016.

Sohn, Elena-Katharina: Schluss mit Kummer, Liebes! Geschichten vom Herzschmerz und wie er verging. Ullstein Verlag, 2014.

Wagner, Ursula M.: Die Kunst des Alleinseins. Theseus Verlag, 2012.

Links

http://www.familienhandbuch.de/familie-leben/partnerschaft/gelingend/bindunginpartnerschaften.php. Website »Familienhandbuch.de«, Artikel über »Bindung in Partnerschaften«, aufgerufen im September 2017.

https://de.wikipedia.org/wiki/Kugelmenschen. Wikipedia-Eintrag über Kugelmenschen, mythische Wesen der Antike, aufgerufen im September 2017.

http://www.augsburger-allgemeine.de/themenwelten/leben-freizeit/Umfrage-Partner-beschert-das-meiste-Glueck-id18743366.html. Website der Augsburger Allgemeinen Zeitung. Artikel »Umfrage: Partner beschert das meiste Glück«, aufgerufen im September 2017.

http://www.faz.net/aktuell/gesellschaft/menschen/egoistische-zweisamkeit-ersatzreligion-liebe-13152087-p2.html. Website der Frankfurter Allgemeinen Zeitung. Artikel über die »Ersatzreligion Liebe«, aufgerufen im September 2017.

Elenas persönliche Lese-Tipps

Bockhausen, Berit: Warum machst Du mich nicht glücklich? Wie Sie in einer Liebesbeziehung wirklich bekommen, was Sie wollen (und noch viel mehr). Südwest Verlag, 2010.

Konrad, Sandra: Liebe machen. Piper Verlag, 2016.

Love, Candace V.: Nie wieder Prince Charming. Wie Sie der Narzissten-Falle entkommen und endlich den Richtigen finden. Junfermann Verlag, 2017.

Neff, Kristin: Selbstmitgefühl. Wie wir uns mit unseren Schwächen versöhnen und uns selbst der beste Freund werden. Kailash Verlag, 2012.

Peirano, Julia/Konrad, Sandra: Der geheime Code der Liebe. Ullstein Verlag, 2014.

Röhr, Heinz-Peter: Wege aus der Abhängigkeit. Patmos Verlag, 2015.

Stahl, Stefanie: Das Kind in Dir muss Heimat finden. Der Schlüssel zur Lösung (fast) aller Probleme. Kailash Verlag, 2015.

Elena-Katharina Sohn

Goodbye Herzschmerz

Eine Anleitung zum Wieder-Glücklichsein

Taschenbuch.
Auch als E-Book erhältlich.
www.ullstein-taschenbuch.de

Elena-Katharina Sohn ist DIE Expertin für Liebeskummer

Liebeskummer – was so harmlos klingt, tut in Wahrheit verdammt weh und kann uns schlimmstenfalls sogar die Lust am Leben nehmen. Elena-Katharina Sohn arbeitet täglich mit Frauen und Männern, die an Herzschmerz leiden. Sie hat eine Methode entwickelt, um zerbrochene Herzen zu heilen – und mehr noch: Sie hilft den Betroffenen, wieder richtig glücklich zu sein! So wird aus der Krise Liebeskummer eine wunderbare Chance.